Gerichtsverfassungsgesetz

nebst Einführungsgesetz

und einem Anhang,

die gesetzl. Regelung der deutschen Konsular- und Schutzgebietsgerichtsverfassung enthaltend.

Textausgabe mit Anmerkungen und Sachregister

von

Dr. Friedrich Doerr,
K. Amtsrichter, Privatdozent an der Universität München.

1910.
München und Berlin.
J. Schweitzer Verlag (Arthur Sellier).

Inhaltsverzeichnis.

		§§	Seite
Vorbemerkung	. . . .		V
Gerichtsverfassungsgesetz vom 27. Januar 1877	. .		1
1. Titel.	Richteramt	1—11	1
2. Titel.	Gerichtsbarkeit	12—21	4
3. Titel.	Amtsgerichte	22—24	10
4. Titel.	Schöffengerichte	25—57	13
5. Titel.	Landgerichte	58—78	27
6. Titel.	Schwurgerichte	79—99	40
7. Titel.	Kammern für Handelssachen	100—118	46
8. Titel.	Oberlandesgerichte . . .	119—124	55
9. Titel.	Reichsgericht	125—141	57
10. Titel.	Staatsanwaltschaft . . .	142—153	64
11. Titel.	Gerichtsschreiber	154	68
12. Titel.	Zustellungs- und Vollstreckungsbeamte . . .	155, 156	68
13. Titel.	Rechtshilfe	157—169	70
14. Titel.	Öffentlichkeit und Sitzungspolizei	170—185	77
15. Titel.	Gerichtssprache	186—193	83
16. Titel.	Beratung und Abstimmung	194—200	86
17. Titel.	Gerichtsferien.	201—204	89
Einführungsgesetz zum Gerichtsverfassungsgesetze vom 27. Januar 1877	. . . .		93

Seite

Anhang: Deutsche Konsular- und Schutzgebietsgerichtsverfassung 103

I. Gesetz über die Konsulargerichtsbarkeit vom 7. April 1900 . §§ 2, 5—18, 42, 57, 71 103

II. Schutzgebietsgesetz in der Fassung vom 10. September 1900 . . . . §§ 2, 6 108

III. Kais. VO., betr. die Rechtsverhältnisse in den deutschen Schutzgebieten, vom 9. November 1900 und 28. September 1907 . §§ 5—8 109

IV. Kolonial- und Konsulargerichtshof . . . 110

V. Kolonialbeamtengesetz (Entwurf) §§ 48—51 110

Alphabetisches Sachregister 112

Vorbemerkung.

Das Reichs-Gerichtsverfassungsgesetz vom 27. Januar 1877 (RGBl. S. 41) gilt samt dem Einführungsgesetze hierzu vom gleichen Tage (RGBl. S. 77) seit 1. Oktober 1879, in Helgoland seit 1. April 1891, nach der Änderung durch die Novellen vom 17. März 1886 (RGBl. S. 61), 5. April 1888 (RGBl. S. 133) und 17. Mai 1898 (RGBl. S. 252) in der Fassung der Bekanntmachung vom 20. Mai 1898 (RGBl. S. 369) seit 1. Januar 1900 und hat seitdem weitere Abänderungen durch folgende Gesetze erfahren:

1. Ges., betr. das Flaggenrecht der Kauffahrteischiffe, vom 22. Juni 1899 (RGBl. S. 319), dessen § 29 Abs. II den § 74 Nr. 2 GVG. aufgehoben,
2. Ges., betr. Änderung des § 113 GVG., vom 20. März 1905 (RGBl. S. 179),
3. Ges., betr. Änderungen des GVG., vom 5. Juni 1905 (RGBl. S. 533),
4. Ges., betr. Änderungen des GVG., der ZPO., des GKG. und der GebO. f. RA., vom 1. Juni 1909 (RGBl. S. 475) [in Kraft seit 1. April 1910] Art. I,
5. Ges., betr. die Zuständigkeit des Reichsgerichts, vom 22. Mai 1910 (RGBl. S. 767) [in Kraft seit 1. Juni 1910], das in der Hauptsache eine Entlastung des Reichsgerichts bezweckt,

   in Art. I die §§ 130 I, 135 GVG.,
   „ „ II den § 8 I EGzGVG.,
   „ „ III die §§ 97 III, 233 I, 545—48, 554, 561, 567—69, 574, 576 III, 577 II, 708, 711—13, 717, 719 ZPO.,
   „ „ IV den § 7 EGzZPO.,

in Art. VI die §§ 5 I, 46 II FGG.,
„ „ VIII den § 49 I GKG.,
„ „ IX den § 52 RAGebO.
abändert und außerdem bestimmt:

Art. V:

In einem Bundesstaat, in welchem mehrere Oberlandesgerichte errichtet sind, ein oberstes Landesgericht für bürgerliche Rechtsstreitigkeiten aber nicht besteht, können die Bestimmung des zuständigen Gerichts nach § 36 der Zivilprozeßordnung, die Entscheidung nach § 650 Abs. 3 der Zivilprozeßordnung und die Bestellung zum Vollstreckungsgerichte nach § 2 des Gesetzes über die Zwangsversteigerung und die Zwangsverwaltung für alle Gerichte des Bundesstaats an Stelle des Reichsgerichts einem der Oberlandesgerichte übertragen werden.

Die Übertragung erfolgt durch die Landesjustizverwaltung.

Art. VII:

Ist in den Fällen des § 5 und des § 46 Abs. 2 des Gesetzes über die Angelegenheiten der freiwilligen Gerichtsbarkeit ein Konsul, dem solche Angelegenheiten übertragen sind, oder ein Gericht in den Schutzgebieten beteiligt, so finden die Vorschriften des Artikel VI mit der Maßgabe Anwendung, daß, wenn ein Konsul oder ein Gericht in den Schutzgebieten zuerst mit der Sache befaßt ist oder wenn die Vormundschaft an eine solche Behörde abgegeben werden soll, das dieser Behörde im Instanzenzuge vorgeordnete oberste Gericht die Entscheidung zu treffen hat.

Art. XII:

Der Reichskanzler wird ermächtigt, für die Zeit bis längstens zum 31. Dezember 1913 Hilfsrichter aus der Zahl der Mitglieder der Oberlandesgerichte und Landgerichte sowie der Amtsrichter zum Zwecke der Erledigung der Geschäfte der Zivilsenate einzuberufen. Die Abordnung eines jeden Hilfsrichters ist bis zu dem Zeitpunkt unwiderruflich, in welchem die Wahrnehmung seiner Tätigkeit nicht mehr erforderlich ist.

Zum GVG. sind zahlreiche **landesrechtliche Ausführungsbestimmungen** (Gesetze, Verordnungen 2c. 2c.) ergangen. Diese sind, wie die oberstrichterliche Judikatur, in den folgenden Anmerkungen nur ausnahmsweise erwähnt. Von einer eingehenderen Berücksichtigung oder gar einem Abdruck der Ausführungsbestimmungen, sei es auch nur der wichtigeren oder derjenigen der größeren Einzelstaaten, ist der Raumersparnis halber Umgang genommen. Die wichtigsten hier einschlagenden Landesgesetze sind:

Preußen: AGzGVG. vom 24. IV. 78 (GS. S. 230). / 21. IX. 99 (GS. S. 249).

Bayern: G. vom 23. II. 79 (GVBl. S. 273). / 9. VI. 99 (GVBl. Beil. zu Nr. 28 S. 64).

Sachsen: G. vom 1. III. 79 (GVBl. S. 59).

Württemberg: G. vom 24. I. 79 (RegBl. S. 8). / 28. VII. 99 (RegBl. S. 423, 514).

Baden: G. vom 3. III. 79 (GVBl. S. 91). / 3[illegible]. XI. 99 (GVBl. S. 805).

Elsaß-Lothr.: G. vom 4. XI. 78 (GesBl. S. 65).

Gerichtsverfassungsgesetz

vom 27. Januar 1877.

Erster Titel.

Richteramt.

1. Unabhängigkeit der Gerichte.

§ 1. Die richterliche Gewalt wird durch unabhängige, nur dem Gesetze unterworfene Gerichte ausgeübt.

Die Gerichte und ihre Mitglieder sind in der Ausübung der „richterlichen Gewalt" (nicht in der Besorgung der ihnen übertragenen Justizverwaltungsgeschäfte: EG. § 4) unabhängig und unterliegen hierbei ausschließlich „dem Gesetze" i. w. S., d. h. den von ihnen und auf sie anzuwendenden Reichs- und Landesrechtsnormen (einschließlich der in rechtsgültiger Weise erlassenen Verordnungen, Ausführungsbestimmungen, Dienstanweisungen usw.).

Richter, Schöffen, Geschworene (die alle zur Amtsverschwiegenheit verpflichtet sind: § 200) dürfen hiernach weder über ihre Beratung und Abstimmung (§§ 195 ff.) und deren Gründe oder das Zustandekommen eines Spruches, an dem sie beteiligt waren, als Zeugen oder Auskunftspersonen vernommen (RG i. Str. XXVI 202, XXVIII 242), noch hiewegen oder wegen des Inhalts der Entscheidung in andern als den gesetzlich bestimmten Fällen (vgl. z. B. StGB. §§ 331 ff., insbesondere 334, 336, 343—346, BGB. § 839, sowie die Richterdisziplinargesetze) zur zivil- oder strafrechtlichen oder disziplinaren Verantwortung gezogen werden.

Die Justizverwaltung (Dienstaufsicht) darf nur auf die Ausführung (formelle Behandlung usw.) der Amtsgeschäfte, nicht auf den Inhalt der Rechtsprechung, die rein richterliche Tätigkeit einwirken.

2. Befähigung zum Richteramt. a) Prüfungen, Studium und Vorbereitungsdienst.

§ 2. Die Fähigkeit zum Richteramte wird durch die Ablegung zweier Prüfungen erlangt.

Der ersten Prüfung muß ein dreijähriges Studium der Rechtswissenschaft auf einer Universität vorangehen. Von dem dreijährigen Zeitraume sind mindestens drei Halbjahre dem Studium auf einer deutschen Universität zu widmen.

Zwischen der ersten und zweiten Prüfung muß ein Zeitraum von drei Jahren liegen, welcher im Dienste bei den Gerichten und bei den Rechtsanwälten zu verwenden ist, auch zum Teil bei der Staatsanwaltschaft verwendet werden kann.

In den einzelnen Bundesstaaten kann bestimmt werden, daß der für das Universitätsstudium oder für den Vorbereitungsdienst bezeichnete Zeitraum verlängert wird, oder daß ein Teil des letzteren Zeitraums, jedoch höchstens ein Jahr, im Dienste bei Verwaltungsbehörden zu verwenden ist oder verwendet werden darf.

EG. § 22. Die Regelung des Vorbereitungs- und Prüfungswesens im einzelnen ist Sache der Landesgesetzgebung.

Abs. 2 und 3: „muß", Dispens unstatthaft. Landesrechtl. Verlängerung des Zeitraums ist zulässig (Abs. 4), nicht aber Abkürzung.

Abs. 2: „Deutsche", d. h. im Deutschen Reiche gelegene, Universität, nicht auch ausländische (z. B. österreichische oder schweizerische), auf der in deutscher Sprache gelehrt wird.

Uebertritt aus einem Bundesstaat in einen andern nach der ersten Prüfung.

§ 3. Wer in einem Bundesstaate die erste Prüfung bestanden hat, kann in jedem anderen Bundesstaate zur Vorbereitung für den Justizdienst und zur zweiten Prüfung zugelassen werden.

Die in einem Bundesstaate auf die Vorbereitung verwendete Zeit kann in jedem anderen Bundesstaate angerechnet werden.

b) Ordentliche Rechtslehrer an deutschen Universitäten.

§ 4. Zum Richteramte befähigt ist ferner jeder ordentliche öffentliche Lehrer des Rechts an einer deutschen Universität.

Also nicht außerordentliche Professoren, Privatdozenten, ebenso nicht Rechtslehrer an ausländischen Universitäten (§ 2 II Anm.). Vgl. StPO. § 138 I, wonach allgemein „Rechtslehrer an deutschen Hochschulen" mit Einschluß der außerordentlichen Professoren und Privatdozenten zu Verteidigern gewählt werden können.

Umfang der Richteramtsbefähigung.

§ 5. Wer in einem Bundesstaate die Fähigkeit zum Richteramte erlangt hat, ist, soweit dieses Gesetz keine Ausnahme bestimmt, zu jedem Richteramte innerhalb des Deutschen Reichs befähigt.

Ausnahme enthält § 127 II: Nur für Mitglieder des Reichsgerichts ist noch ein bestimmtes Lebensalter (35 Jahre) erforderlich.

3. Besondere Garantien richterlicher Unabhängigkeit:*)

a) Ernennung auf Lebenszeit.

§ 6. Die Ernennung der Richter erfolgt auf Lebenszeit.

b) Festes Gehalt.

§ 7. Die Richter beziehen in ihrer richterlichen Eigenschaft ein festes Gehalt mit Ausschluß von Gebühren.

Zu den „Gebühren" (Sporteln) gehören nicht Diäten und Reisekostenvergütung.

c) Unabsetzbarkeit, Unversetzbarkeit.

§ 8. Richter können wider ihren Willen nur kraft richterlicher Entscheidung und nur aus den Gründen und unter den Formen, welche die Gesetze bestimmen, dauernd oder zeitweise ihres Amts enthoben oder an eine andere Stelle oder in Ruhestand versetzt werden.

Die vorläufige Amtsenthebung, welche kraft Gesetzes eintritt, wird hierdurch nicht berührt.

Bei einer Veränderung in der Organisation der Gerichte oder ihrer Bezirke können unfreiwillige Versetzungen an ein anderes Gericht oder Entfernungen vom Amte unter Belassung des vollen Gehalts durch die Landesjustizverwaltung verfügt werden.

EG. §§ 13 (Nichtbestehen landesgesetzlicher Disziplinarvorschriften für die richterliche Entscheidung über Amtsenthebung usw.), 21 (Übergangsbestimmungen für unfreiwillige Versetzung bei notwendiger Einziehung von Richterstellen). Mitglieder des Reichsgerichts: §§ 128 bis 131.

Abs. 1: RStGB. §§ 31, 35, 358 und Disziplinargesetze. „Andere (scil. richterl.) Stelle": Unfreiwillige Versetzung in eine nicht richterliche Stelle ist unzulässig.

*) §§ 6—9 sind nur auf definitiv angestellte Richter anwendbar, auch auf Kriegsgerichtsräte, Oberkriegsgerichtsräte, Senatspräsidenten und Räte des Reichsmilitärgerichts (MStGO. §§ 80 f., 94).

Abs. 3: Zivilprozeßnovelle vom 1. VI. 09 (RGBl. S. 475) (in Kraft getreten 1. IV. 10) Art. VIII:

Innerhalb eines Jahres nach dem Inkrafttreten dieses Gesetzes findet bei notwendiger Einziehung von Richterstellen die Vorschrift des § 8 Abs. 3 des Gerichtsverfassungsgesetzes mit der Maßgabe Anwendung, daß Mitglieder eines Landgerichts an das am Sitze des Landgerichts befindliche Amtsgericht versetzt werden können.

d) Unausschließbarkeit des Rechtswegs wegen Gehaltsansprüchen usw.

§ 9. Wegen vermögensrechtlicher Ansprüche der Richter aus ihrem Dienstverhältnisse, insbesondere auf Gehalt, Wartegeld oder Ruhegehalt darf der Rechtsweg nicht ausgeschlossen werden.

Vgl. § 70 II [1], III.

Zeitweilige Wahrnehmung richterlicher Geschäfte durch Gerichtsassessoren, Referendare.

§ 10. Die landesgesetzlichen Bestimmungen über die Befähigung zur zeitweiligen Wahrnehmung richterlicher Geschäfte bleiben unberührt.

§ 10 (Ausnahme von §§ 2 ff.) hat für Bayern, wo solche landesgesetzliche Bestimmungen nicht bestehen, keine Bedeutung, wohl aber z. B. für Preußen, Sachsen, Elsaß-Lothringen. Staatsanwälte dürfen richterliche Geschäfte auch zeitweise nicht wahrnehmen (§ 152). Wegen Zuziehung von Hilfsrichtern s. §§ 69, 122, 134 (beim Landgericht auch nichtständige Richter, beim Oberlandesgericht nur ständige, beim Reichsgericht keine Hilfsrichter).

Handelsrichter, Schöffen, Geschworene.

§ 11. Auf Handelsrichter, Schöffen und Geschworene finden die Bestimmungen der §§ 2—9 keine Anwendung.

Handelsrichter: §§ 109 I, 111 ff.; Schöffen: §§ 26, 31 ff.; Geschworene: §§ 81, 84 ff.

Zweiter Titel.

Gerichtsbarkeit.*)

1. Ordentliche Gerichte.

§ 12. Die ordentliche streitige Gerichtsbarkeit wird durch Amtsgerichte und Landgerichte, durch Oberlandesgerichte und durch das Reichsgericht ausgeübt.

*) **Reichs-Verfassung Art. 77:** Wenn in einem Bundesstaate der Fall einer Justizverweigerung eintritt, und auf gesetzlichen Wegen

EG. § 2. Den Gegensatz zur „ordentlichen streit. Gerichtsbarkeit" und die Ausnahme hiervon bildet die Gerichtsbarkeit der mit gewissen Rechtssachen befaßten Verwaltungsbehörden oder Verwaltungsgerichte und der reichsgesetzlich bestellten oder zugelassenen besonderen Gerichte (§§ 13 f.).

Ordentliche Gerichte: Amtsgerichte (§§ 22 ff.), Landgerichte (§§ 58 ff.), Oberlandesgerichte (§§ 119 ff.), Reichsgericht (§§ 125 ff.), auch das oberste Landesgericht in Bayern (EG. §§ 8—10).

Zuständigkeit der ordentlichen Gerichte.

§ 13. Vor die ordentlichen Gerichte gehören alle bürgerlichen Rechtsstreitigkeiten und Strafsachen, für welche nicht entweder die Zuständigkeit von Verwaltungsbehörden oder Verwaltungsgerichten begründet ist oder reichsgesetzlich besondere Gerichte bestellt oder zugelassen sind.

Ob eine Sache „vor die ordentlichen Gerichte (§ 12 Anm.) gehört", ob m. a. W. der Rechtsweg zulässig ist (vgl. § 9: wegen Gehaltsansprüche der Richter, EG. z. ZPO. §§ 4 f.: Zulässigkeit des Rechtswegs wegen Ansprüche gegen öffentliche Korporationen, Mitglieder landesherrlicher Familien usw.), haben jene in jedem Stadium des Verfahrens und in jeder Instanz ohne Rücksicht auf einen erhobenen Einwand von Amts wegen zu prüfen und zu entscheiden (§ 17 I). Denn durch Vereinbarung können weder bürgerliche Rechtsstreitigkeiten (abges. von Schiedsgerichten) ebenso wie (Kriminal-)Strafsachen den ordentlichen Gerichten entzogen, noch Streitigkeiten, die nicht bürgerliche Rechtsstreitigkeiten, sondern öffentlich-rechtlicher Natur sind, ihnen zugewiesen werden. „Bürgerliche Rechtsstreitigkeiten" liegen vor, wenn Ansprüche auf Grund privatrechtlichen Titels — z. B. aus privatrechtlichen Verträgen (Kauf, Miete usw.), Geschäftsführung ohne Auftrag, nützlicher Verwendung, unerlaubten Handlungen, Familien- und Erbrecht, ehelicher oder unehelicher Vaterschaft, Zugehörigkeit zu Vereinen, Gesellschaften, Genossenschaften, Urheber-, Patentrecht u. dgl. — geltend gemacht werden, selbst wenn öffentlich-rechtliche Leistung in Frage steht oder öffentliches Recht anzuwenden und hiernach zu entscheiden ist. Andrerseits gehören Streitigkeiten über Heranziehung zu öffentlich-rechtlichen Lasten, für welche der Rechtsweg ausgeschlossen ist (Steuern, Abgaben usw.), nicht deshalb vor die ordentlichen Gerichte, weil ein

---

ausreichende Hilfe nicht erlangt werden kann, so liegt dem Bundesrate ob, erwiesene, nach der Verfassung und den bestehenden Gesetzen des betreffenden Bundesstaates zu beurteilende Beschwerden über verweigerte oder gehemmte Rechtspflege anzunehmen, und darauf die gerichtliche Hilfe bei der Bundesregierung, die zu der Beschwerde Anlaß gegeben hat, zu bewirken.

Kondiktionsanspruch auf Rückgabe wegen irrtümlicher Zahlung (ungerechtfertigter Bereicherung) erhoben wird.

„Zuständigkeit von Verwaltungsbehörden" (oder Verwaltungsgerichten) zu Entscheidungen teils unter Ausschluß, teils unter Vorbehalt des Rechtswegs, teils zu (die Gerichte bindenden) Vorentscheidungen über Präjudizialfragen; vgl. z. B. PostG. vom 28. X. 71 §§ 25, 34 ff., RayonG. vom 21. XII. 71 §§ 29, 41, StrandO. vom $\frac{17. V. 74}{30. XII. 01}$ §§ 29 f., 38, 40, KrankVG. §§ 57 b, 58, 65, 72 f., InvVG. §§ 155 ff., GewUVG. §§ 14, 135 usw. Reichsgesetzlich beschränkte Strafgewalt der Verwaltungsbehörden: StPO. §§ 453 ff., 459 ff., EGzStPO. § 5 II, SeemO. vom 2. VI. 02 §§ 122 ff. und V., betr. das Strafverfahren vor den Seemannsämtern, vom 13. III. 03 usw.

„Zuständigkeit von Verwaltungsgerichten" z. B. für die Vorentscheidung nach EG. § 11 II, Streitigkeiten der Armenverbände (UWG. vom $\frac{6. VI. 70}{30. V. 08}$ §§ 36 ff.); Seeämter und Ober-Seeamt (SeeUnfUntersG. vom 27. VII. 77); Prisengerichte (PrisGG. vom 3. V. 84); verstärktes Reichseisenbahnamt (G. vom 27. VI. 73); Patentamt (PatG. vom 7. IV. 91); Reichs-, Landesversicherungsamt usw.

Reichsgesetzlich bestellte „besondere Gerichte": Militärgerichte (EG. § 7); Schiedsgerichte für die Berufsgenossenschaften, Versicherungsanstalten usw.; s. ferner § 14 [4] Anm., § 16.

Konsulargerichte im Auslande (KonsGG. vom 7. IV. 00 § 5) und Schutzgebietsgerichte in den deutschen Kolonien (SchutzgebG. vom 10. IX. 00 § 2) sind zwar besonders und abweichend von der Reichsgerichtsverfassung organisiert, aber keine Sondergerichte im Gebiete und im Sinne des GVG.

Reichsgesetzlich zugelassene Sondergerichte: für Mitglieder landesherrlicher Familien (EG. § 5), Austrägalgerichte für Standesherren (EG. § 7), ferner § 14. Vgl. EG. § 3.

2. Zugelassene Sondergerichte.

§ 14. Als besondere Gerichte werden zugelassen:

1. die auf Staatsverträgen beruhenden Rheinschiffahrts- und Elbzollgerichte;
2. Gerichte, welchen die Entscheidung von bürgerlichen Rechtsstreitigkeiten bei der Ablösung von Gerechtigkeiten oder Reallasten, bei Separationen, Konsolidationen, Verkoppelungen, gutsherrlich-bäuerlichen Auseinandersetzungen und dergleichen obliegt;
3. Gemeindegerichte, insoweit denselben die Entscheidung über vermögensrechtliche Ansprüche obliegt,

deren Gegenstand in Geld oder Geldeswert die Summe von sechzig Mark nicht übersteigt, jedoch mit der Maßgabe, daß gegen die Entscheidung der Gemeindegerichte innerhalb einer gesetzlich zu bestimmenden Frist sowohl dem Kläger wie dem Beklagten die Berufung auf den ordentlichen Rechtsweg zusteht, und daß der Gerichtsbarkeit des Gemeindegerichts, als Kläger oder Beklagter, nur Personen unterworfen werden dürfen, welche in der Gemeinde den Wohnsitz, eine Niederlassung oder im Sinne der §§ 16, 20 der Zivilprozeßordnung den Aufenthalt haben;

4. Gewerbegerichte.

EG. §§ 3, 5, 7.

Nr. 1: Art. 33 ff. Rev. Rheinschiffahrtsakte vom 17. X. 68 (Zus.-Art. vom 18. IX. 95, Vereinbarung vom 4. VI. 98) bzw. Art. 26 Elbschiffahrtsakte vom 23. VI. 21, §§ 46 ff. Additionalakte vom 13. IV. 44.

I. Instanz: Die an dem Rhein bzw. der Elbe liegenden Amtsgerichte (in Hessen nur AG. Mainz); II. Instanz: Landgerichte Straßburg, Mannheim, Frankenthal, Mainz und OLG. Köln bzw. als Elbzollgerichte die preußischen Landgerichte und die LG. Dresden, Dessau, Schwerin und Hamburg.

Nr. 2: Preuß. Ges., betr. das Verfahren in Auseinandersetzungsangelegenheiten, vom $\frac{18. \text{ II. } 80}{10. \text{ X. } 99}$.

Nr. 3: Gemeindegerichte bestehen in Württemberg, Baden usw., nicht in Preußen, Bayern, Sachsen. Berechnung des Streitgegenstandes: ZPO. §§ 3 ff. „Berufung auf den ordentl. Rechtsweg": Amtsgericht ist dann 1. Instanz. „Wohnsitz": ZPO. §§ 13 ff., BGB. §§ 7 ff.; „Niederlassung": ZPO. § 21.

Nr. 4: Reichsgesetzlich geregelt durch GewGG. vom $\frac{29. \text{ VII. } 90}{29. \text{ IX. } 01}$, KfmGG. vom 6. VII. 04; KrankVG. §§ 53 a, 65, 72 f.; Innungsbehörden und Innungsschiedsgerichte: GewO. §§ 81 a, b, 91, 93, 94 a.

3. Ausschluß der Privatgerichtsbarkeit und der geistlichen Gerichtsbarkeit in weltlichen Angelegenheiten.

§ 15. Die Gerichte sind Staatsgerichte.

Die Privatgerichtsbarkeit ist aufgehoben; an ihre Stelle tritt die Gerichtsbarkeit desjenigen Bundesstaates, in welchem sie ausgeübt wurde. Präsentationen für Anstellungen bei den Gerichten finden nicht statt.

Die Ausübung einer geistlichen Gerichtsbarkeit in weltlichen Angelegenheiten ist ohne bürgerliche Wirkung. Dies gilt insbesondere bei Ehe- und Verlöbnissachen.

„Staatsgerichte", d. h. Gerichte des Deutschen Reichs, der Bundesstaaten (RV. Art. 1) bzw. des Reichslandes Elsaß-Lothringen.

4. Verbot von Ausnahmegerichten; Vorbehalt bezügl. Kriegsgerichte und Standrechte.

§ 16. Ausnahmegerichte sind unstatthaft. Niemand darf seinem gesetzlichen Richter entzogen werden. Die gesetzlichen Bestimmungen über Kriegsgerichte und Standrechte werden hiervon nicht berührt.

RV. Art. 68 (Erklärung eines Bundesgebiets in Kriegszustand); MStGO. vom 1. XII. 98 §§ 38 ff. (Standgerichte), 49 ff. (Kriegsgerichte), 65 ff. (Oberkriegsgerichte), 71 ff. (Reichsmilitärgericht).

5. Kompetenzkonflikt.

§ 17. Die Gerichte entscheiden über die Zulässigkeit des Rechtswegs.

Die Landesgesetzgebung kann jedoch die Entscheidung von Streitigkeiten zwischen den Gerichten und den Verwaltungsbehörden oder Verwaltungsgerichten über die Zulässigkeit des Rechtswegs besonderen Behörden nach Maßgabe der folgenden Bestimmungen übertragen:

1. Die Mitglieder werden für die Dauer des zur Zeit ihrer Ernennung von ihnen bekleideten Amts oder, falls sie zu dieser Zeit ein Amt nicht bekleiden, auf Lebenszeit ernannt. Eine Enthebung vom Amte kann nur unter denselben Voraussetzungen wie bei den Mitgliedern des Reichsgerichts stattfinden.
2. Mindestens die Hälfte der Mitglieder muß dem Reichsgerichte oder dem obersten Landesgerichte oder einem Oberlandesgerichte angehören. Bei Entscheidungen dürfen Mitglieder nur in der gesetzlich bestimmten Anzahl mitwirken. Diese Anzahl muß eine ungerade sein und mindestens fünf betragen.
3. Das Verfahren ist gesetzlich zu regeln. Die Entscheidung erfolgt in öffentlicher Sitzung nach Ladung der Parteien.
4. Sofern die Zulässigkeit des Rechtswegs durch

rechtskräftiges Urteil des Gerichts feststeht, ohne daß zuvor auf die Entscheidung der besonderen Behörde angetragen war, bleibt die Entscheidung des Gerichts maßgebend.

Abs. 1: „Zulässigkeit des Rechtswegs": § 13 Anm. U. a. ist auch zu prüfen, ob die als Voraussetzung für die Beschreitung des Rechtswegs etwa vorgeschriebene Vorentscheidung einer Verwaltungsbehörde (§ 13 Anm.) vorliegt und der Rechtsweg in der bestimmten Frist beschritten ist. Hält das angegangene Gericht den Rechtsweg für ausgeschlossen, so trifft es keine Entscheidung in der Sache selbst. Gebühren des Gerichts: GKG. § 26, des Anwalts: RAGebO. § 20. Abs. 2: „Landesgesetzgebung": Auch landesherrliche Verordnung (EG. § 17 II). „Streitigkeiten zwischen den Gerichten und den Verwaltungsbehörden oder Verwaltungsgerichten" desselben Landes, nicht zwischen Gerichten und Verwaltungsbehörden oder -gerichten verschiedener Bundesstaaten oder Reichsbehörden. Deshalb ist § 17 II auf das Reichsgericht unanwendbar und dürfen die von der Landesgesetzgebung zur Entscheidung der Kompetenzkonflikte bestimmten Behörden (wie solche in Preußen, Bayern, Sachsen, Württemberg, Baden usw. bestehen) nicht in die reichsgerichtliche Rechtsprechung eingreifen. Sobald ein Rechtsstreit durch Revisionseinlegung beim Reichsgericht anhängig ist, kann der positive Kompetenzkonflikt von einer Landesbehörde nicht mehr erhoben werden (RG. i. Z. XLVIII 195). „Besonderen Behörden": Auch dem Reichsgericht (EG. § 17 I).

Nr. 1: §§ 128—131.

Nr. 2: „Oberstes Landesgericht" in Bayern (EG. § 8).

Nr. 4: „Rechtskräftiges Urteil": ZPO. § 705.

6. Exterritoriale.

§ 18. Die inländische Gerichtsbarkeit erstreckt sich nicht auf die Chefs und Mitglieder der bei dem Deutschen Reiche beglaubigten Missionen. Sind diese Personen Staatsangehörige eines der Bundesstaaten, so sind sie nur insofern von der inländischen Gerichtsbarkeit befreit, als der Staat, dem sie angehören, sich der Gerichtsbarkeit über sie begeben hat.

Die Chefs und Mitglieder der bei einem Bundesstaate beglaubigten Missionen sind der Gerichtsbarkeit dieses Staates nicht unterworfen. Dasselbe gilt von den Mitgliedern des Bundesrats, welche nicht von demjenigen Staate abgeordnet sind, in dessen Gebiete der Bundesrat seinen Sitz hat.

Landesherren: EG. § 5; Standesherren (Recht auf Austräge): EG. § 7.

Abs. 1: Kein Zeugniszwang, Zustellungen an solche Personen wie im Ausland usw. Vgl. ZPO. § 203 III, StPO. § 37.
Abs. 2: RV. Art. 10; ZPO. § 15 I, StPO. § 11.

§ 19. Auf die Familienglieder, das Geschäftspersonal der im § 18 erwähnten Personen und auf solche Bedienstete derselben, welche nicht Deutsche sind, finden die vorstehenden Bestimmungen Anwendung.

„Deutsche": StAngG. vom 1. VI. 70.

Dinglicher Gerichtsstand.

§ 20. Durch die Bestimmungen der §§ 18, 19 werden die Vorschriften über den ausschließlichen dinglichen Gerichtsstand in bürgerlichen Rechtsstreitigkeiten nicht berührt.

„Ausschließlicher dinglicher Gerichtsstand": ZPO. § 24.

(Berufs- oder Wahl-) Konsuln.

§ 21. Die im Deutschen Reiche angestellten Konsuln sind der inländischen Gerichtsbarkeit unterworfen, sofern nicht in Verträgen des Deutschen Reichs mit anderen Mächten Vereinbarungen über die Befreiung der Konsuln von der inländischen Gerichtsbarkeit getroffen sind.

Konsularverträge bestehen u. a. mit Nordamerika, Niederlanden, Spanien, Italien, Rußland, Griechenland, Brasilien, Serbien, Japan, Peru.

Dritter Titel.

Amtsgerichte.

Detachierte Strafkammern und Kammern für Handelssachen bei den Amtsgerichten (§§ 78; 100 II, 110).

1. Besetzung. Geschäftsverteilung.

§ 22. Den Amtsgerichten stehen Einzelrichter vor.

Ist ein Amtsgericht mit mehreren Richtern besetzt, so wird einem derselben von der Landesjustizverwaltung die allgemeine Dienstaufsicht übertragen; ist die Zahl der Richter höher als fünfzehn, so kann die Dienstaufsicht zwischen mehreren von ihnen geteilt werden. Jeder Amtsrichter erledigt die ihm obliegenden Geschäfte als Einzelrichter.

Die Amtsgerichtssitze bestimmt das Landesrecht.

Abs. 2: 2. Halbsatz (durch Novelle vom 17. V. 98 eingefügt) soll im Interesse des Dienstes eine Teilung der Aufsicht nach verschiedenen Geschäftszweigen oder sonstigen Gesichtspunkten bei großen Amtsgerichten ermöglichen. „Einzelrichter": die Geschäfte können von der Landesjustizverwaltung beliebig nach örtlichen Bezirken oder Gattungen oder Anfangsbuchstaben von Namen (der Beklagten, Angeklagten usw.) unter den mehreren Richtern verteilt werden. Die Amtshandlung eines Amtsrichters bleibt aber gültig, auch wenn sie nach der Geschäftsverteilung von einem andern Richter desselben Amtsgerichts vorzunehmen war.

2. Sachliche Zuständigkeit in Zivilsachen.

§ 23. Die Zuständigkeit der Amtsgerichte umfaßt in bürgerlichen Rechtsstreitigkeiten, soweit dieselben nicht ohne Rücksicht auf den Wert des Streitgegenstandes den Landgerichten zugewiesen sind:

1. Streitigkeiten über vermögensrechtliche Ansprüche, deren Gegenstand an Geld oder Geldeswert die Summe von sechshundert Mark nicht übersteigt;
2. ohne Rücksicht auf den Wert des Streitgegenstandes:

   Streitigkeiten zwischen dem Vermieter und dem Mieter oder Untermieter von Wohnräumen oder anderen Räumen oder zwischen dem Mieter und dem Untermieter solcher Räume wegen Ueberlassung, Benutzung oder Räumung, sowie wegen Zurückhaltung der von dem Mieter oder dem Untermieter in die Mietsräume eingebrachten Sachen;

   Streitigkeiten zwischen Dienstherrschaft und Gesinde, zwischen Arbeitgebern und Arbeitern hinsichtlich des Dienst- oder Arbeitsverhältnisses, sowie die im § 3 Abs. 1 des Gesetzes, betreffend die Gewerbegerichte, vom 29. Juli 1890 bezeichneten Streitigkeiten, insofern dieselben während der Dauer des Dienst-, Arbeits- oder Lehrverhältnisses entstehen;

   Streitigkeiten zwischen Reisenden und Wirten, Fuhrleuten, Schiffern, Flößern oder Auswanderungsexpedienten in den Einschiffungshäfen, welche über Wirtszechen, Fuhrlohn, Ueberfahrtsgelder, Beförderung der Reisenden und ihrer Habe und über Verlust und Beschädigung der letzteren, sowie Streitigkeiten zwischen Reisenden und Handwerkern, welche aus Anlaß der Reise entstanden sind;

Streitigkeiten wegen Viehmängel;
Streitigkeiten wegen Wildschadens;
Ansprüche aus einem außerehelichen Beischlafe;
das Aufgebotsverfahren.

Ausschließliche Zuständigkeit der Landgerichte: § 70 II, III.
Nr. 1: Streitwert von 300 auf 600 Mark erhöht durch Novelle vom 1. VI. 09 (in Kraft 1. IV. 10). Berechnung: ZPO. §§ 2—9.
Nr. 2: Auch ohne Rücksicht auf eine etwaige Verbindung mit anderen vermögensrechtlichen Ansprüchen, selbst über 600 Mark. Prorogation auf das Landgericht ist aber auch hier zulässig (RG. i. Z. IX 349). Weitere Fälle ausschließlicher Zuständigkeit der Amtsgerichte s. § 24 Anm. — „Streitigkeiten": Die Klage muß die in Nr. 2 bezeichneten Ansprüche zum Gegenstand haben. Einrede- (z. B. aufrechnungs-)weise Geltendmachung berührt die Zuständigkeit nicht.
Abs. 1 und 2: Durch Novelle vom 17. V. 98 geändert.
Abs. 1: § 202⁴ (Feriens.): BGB. §§ 536, 542, 544, 553, 556, 559, 564; ZPO. §§ 257 (Klage auf künft. Räumung), 709 [1] (Urteil vorläufig vollstreckbar), 721 (Räumungsfrist).
Nicht hierher gehören: a) Streitigkeiten über Rechtswirksamkeit einer Kündigung des Mietverhältnisses, Klagen auf Räumung wegen Nichtbestehens eines Vertrags (Verweilens in der Wohnung ohne Rechtsgrund), auf Anerkennung des Fortbestehens eines Mietvertrags; b) Miete beweglicher Sachen; c) Pachtverhältnisse.
Abs. 2: § 202 [4a] (Feriens.), ZPO. § 709 [2] (Urteil vorläufig vollstreckbar), BGB. §§ 611 ff. (Dienstvertrag), EGzBGB. Art. 95 (Gesinderecht, landesgesetzlich geregelt), GewO. §§ 105 ff., 154 f. (gewerbliche Arbeiter), BinnenSchG. vom 15. VI. 95 / 20. V. 98 §§ 20 ff. (Binnenschiffsmannschaft), FlößG. vom 15. VI. 95 §§ 16 ff. (Floßführer und Floßmannschaft); GewGG. (Neufassung vom 29. IX. 01) § 4 entspricht dem früheren § 3.
Für die im früheren § 3 I GewGG. bezeichneten Streitigkeiten ist das Amtsgericht aber nur zuständig, wenn ein Gewerbegericht für den betr. Bezirk nicht errichtet ist; denn durch die Zuständigkeit eines Gewerbegerichts wird die Zuständigkeit der ordentlichen Gerichte ausgeschlossen (GewGG. §§ 6 I, 27). — Streitigkeiten, die „während der Dauer des Dienst- usw. Verhältnisses entstehen": Nicht solche, die den Antritt des Dienstes zum Gegenstand haben oder erst nach Beendigung entstehen, oder Ansprüche aus selbständigen Verpflichtungen neben denen des Dienstverhältnisses (z. B. Konkurrenzklausel; vgl. GewGG. § 4 II).
Abs. 3: ZPO. § 709 [3] (Urteil vorläufig vollstreckbar); Wirte: BGB. §§ 701—704; Schiffer, Flößer: BinnenSchG., FlößG. (Anm. zu Abs. 2), EGzBGB. Art. 65. „Auswanderungsexpedienten": Personen, die das Engagement von Auswanderern für fremde Rechnung oder als Unternehmer betreiben (AuswG. vom 9. VI. 97 §§ 22 ff.).

Abs. 4—7: Viehmängel: BGB. §§ 481 ff.; auch bei andern als den in zit. § 481 bezeichneten Tieren. Wildschaden: BGB. § 835, EGzBGB. Art. 69—72. Außerehelicher Beischlaf: § 202^{4b} (Ferienf.), BGB. §§ 1708, 1715 ff. (Anspruch des Kindes und der Mutter auf Unterhalt, Entbindungs- und Wochenkosten), 1300 (Defloration der Verlobten), ZPO. §§ 644 (Feststellung unehelicher Vaterschaft), 708^{6}; auch Ansprüche aus einem Anerkenntnisse der unehelichen Vaterschaft (BGB. § 1718) oder einem besonderen Alimentationsversprechen. Aufgebotsverfahren: ZPO. §§ 946 ff., EGzZPO. § 11.

3. Allgemeine Bestimmung über Zuständigkeit und Geschäftskreis der Amtsgerichte.

§ 24. Im übrigen wird die Zuständigkeit und der Geschäftskreis der Amtsgerichte durch die Vorschriften dieses Gesetzes und der Prozeßordnungen bestimmt.

GVG. §§ 26, 30, 39—57, 78, 85—89, 110, 158, 167. ZPO §§ 486, 488; 510 c, 609; 645, 675 f., 680; 689; 764, 797; 919, 936, 942; ZVG. § 1, EGzZVG. § 13; KO. § 71. StPO. §§ 98, 100, 125 f., 128 f., 132; 144; 156 f.; 160, 163 f., 171; 183 f.; 197, 200, 211; 447 f., 455, 463; 483, 489, 494; MStGO. § 239. RAO. § 87; BinnenSchG. vom $\frac{15.\ VI.\ 95}{20.\ V.\ 98}$ §§ 11, 87, 110 f., FlößG. vom 15. VI. 95 § 8, GenG. vom $\frac{1.\ V.\ 89}{20.\ V.\ 98}$ § 112 u. a. m. — GVG. § 24 hat nur die ordentliche streitige Gerichtsbarkeit im Auge (EG. § 2). Aber auch in zahlreichen Angelegenheiten der freiwilligen Gerichtsbarkeit (z. B. Vormundschafts-, Nachlaß-, Registersachen usw.) sind die Amtsgerichte zuständig: FGG. §§ 35 ff. (EGzBGB. Art. 147), 65, 69, 72 ff. (zit. Art. 147), 125, 145 ff., 159, 161, 164 ff., MustG. vom 11. I. 76 § 9, BinnenSchG. § 120, BGB. §§ 21, 29, 37, 48, 55, 60 ff., 78, 132, 176, 261, 1141 II, 1558 ff.; ferner in Grundbuchsachen nach Landesrecht, z. B. in Bayern (GBO. §§ 100 f.).

Vierter Titel.

Schöffengerichte.

§ 25. Für die Verhandlung und Entscheidung von Strafsachen werden bei den Amtsgerichten Schöffengerichte gebildet.

1. Besetzung.

§ 26. Die Schöffengerichte bestehen aus dem Amtsrichter als Vorsitzenden und zwei Schöffen.

Vgl. § 30.
Hauptverhandlung und Entscheidung ohne Schöffen ist zulässig bei Uebertretungen von vorgeführten und geständigen Beschuldigten (StPO. § 211 II) und nach Landesrecht (z. B. in Preußen, Sachsen) in Forst- und Feldrügesachen (EGzStPO. § 3 III). Amtsrichterlicher Strafbefehl: StPO. §§ 447 ff.

2. Zuständigkeit: a) Schöffengerichtssachen.

§ 27. Die Schöffengerichte sind zuständig:

1. für alle Uebertretungen;
2. für diejenigen Vergehen, welche nur mit Gefängnis von höchstens drei Monaten oder Geldstrafe von höchstens sechshundert Mark, allein oder neben Haft oder in Verbindung miteinander oder in Verbindung mit Einziehung bedroht sind, mit Ausnahme der im § 320 des Strafgesetzbuchs und der im § 74 dieses Gesetzes bezeichneten Vergehen;
3. für die nur auf Antrag zu verfolgenden Beleidigungen, wenn die Verfolgung im Wege der Privatklage geschieht;

3\. a) für die nur auf Antrag zu verfolgenden Körperverletzungen;

3\. b) für das Vergehen des Hausfriedensbruchs im Falle des § 123 Abs. 3 des Strafgesetzbuchs;

3\. c) für das Vergehen der Bedrohung mit der Begehung eines Verbrechens im Falle des § 241 des Strafgesetzbuchs;

3\. d) für das Vergehen des strafbaren Eigennutzes in den Fällen des § 286 Abs. 2, der §§ 290, 291 und 298 des Strafgesetzbuchs sowie des § 93 Abs. 3 der Seemannsordnung vom 2. Juni 1902 (Reichs-Gesetzbl. S. 175);

4. für das Vergehen des Diebstahls im Falle des § 242 des Strafgesetzbuchs, wenn der Wert des Gestohlenen einhundertundfünfzig Mark nicht übersteigt;
5. für das Vergehen der Unterschlagung im Falle des § 246 des Strafgesetzbuchs, wenn der Wert des Unterschlagenen einhundertundfünfzig Mark nicht übersteigt;

6. für das Vergehen des Betruges im Falle des § 263 des Strafgesetzbuchs, wenn der Schaden einhundertundfünfzig Mark nicht übersteigt;
7. für das Vergehen der Sachbeschädigung im Falle des § 303 des Strafgesetzbuchs, wenn der Schaden einhundertundfünfzig Mark nicht übersteigt;
8. für das Vergehen der Begünstigung und für das Vergehen der Hehlerei in den Fällen des § 258 Nr. 1 und des § 259 des Strafgesetzbuchs, wenn die Handlung, auf welche sich die Begünstigung oder die Hehlerei bezieht, zur Zuständigkeit der Schöffengerichte gehört.

Durch Novelle vom 5. VI. 05 ist § 27 geändert und die schöffengerichtliche Zuständigkeit erweitert.

Nr. 1: § 26 Anm.; StGB. §§ 1 III, 360 ff. und zahlreiche Reichsstrafnebengesetze und Landesgesetze (EGzStGB. §§ 2, 5).

Nr. 2: „Vergehen": StGB. § 1 II: „Einziehung", auch Verfallerklärung (RG. i. Str. XII 75); „bedroht": im Reichs- oder Landesstrafrecht (wie bei Nr. 1): StGB. §§ 121 II, 123 I, 148, 276, 292, 299, GewO. §§ 146 a, 147, 153 und andere Gesetze. Vgl. § 75 [14].

Nr. 3: StGB. §§ 185—187, 189, 194. Vgl. GVG. § 75 [4]. Privatklage: StPO. §§ 414, 416. Durch Uebernahme der Verfolgung seitens der Staatsanwaltschaft (StPO. § 417 II) erlischt die Zuständigkeit des Schöffengerichts, selbst nach Eröffnung des Hauptverfahrens (StPO. § 423). Das Verfahren ist dann einzustellen und der Akt an Staatsanwalt abzugeben, auch wenn schon Urteil ergangen, aber noch nicht rechtskräftig ist. — Unter gleicher Voraussetzung, daß die Verfolgung durch Privatklage geschieht, ist das Schöffengericht auch für die Vergehen gegen UnlWG. vom 7. VI. 09 zuständig (s. § 22 das.).

Nr. 3a: StGB. §§ 223, 230 I, 232; bezüglich §§ 223 a, 230 II s. GVG. § 75 [5].

Nr. 3b: Einfacher Hausfriedensbruch (StGB. § 123 I) fällt unter Nr. 2.

Nr. 3d: Vgl. § 75 [11].

Nr. 4: Einfacher Diebstahl. Vgl. §§ 75 [6], 28. Unanwendbar auf Entziehung fremder elektrischer Arbeit (G. vom 9. IV. 00 § 1).

Nr. 5: §§ 75 [7], 28.

Nr. 6: §§ 75 [10], 28.

Nr. 7: §§ 75 [12], 28. Unanwendbar auf ElektrEntzG. vom 9. IV. 00 § 2.

Nr. 8: Begünstigung: StGB. § 257. — §§ 75 [8], [9], 73 [6].

Aussetzung der Verhandlung bei nachträglich hervorgetretener Unzuständigkeit.

§ 28. Ist die Zuständigkeit des Schöffengerichts durch den Wert einer Sache oder den Betrag eines Schadens bedingt und stellt sich in der Hauptverhandlung heraus, daß der Wert oder Schaden mehr als einhundertundfünfzig Mark beträgt, so hat das Gericht seine Unzuständigkeit nur dann auszusprechen, wenn aus anderen Gründen die Aussetzung der Verhandlung geboten erscheint.

Novelle vom 5. VI. 05. — § 27[4]—[8]. Aussetzung der Verhandlung „aus anderen Gründen": StPO. §§ 145, 216, 227, 245, 261, 264 (Verhinderung des notwendigen Verteidigers, Nichteinhaltung der Ladungsfrist, nachträgliche Zeugenbenennung, Erhebung der Zivilklage, neu hervorgetretene Umstände); Unzuständigkeitserklärung und Verweisung an das zuständige Gericht: StPO. § 270.

b) Zuständigkeit in Ueberweisungssachen.

§ 29. Vor die Schöffengerichte gehören auch diejenigen Strafsachen, deren Verhandlung und Entscheidung ihnen nach den Bestimmungen des fünften Titels von den Strafkammern der Landgerichte überwiesen wird.

S. § 75.

3. Schöffenamt: a) Mitwirkung und Stimmrecht der Schöffen in der Hauptverhandlung.

§ 30. Insoweit das Gesetz nicht Ausnahmen bestimmt, üben die Schöffen während der Hauptverhandlung das Richteramt im vollen Umfange und mit gleichem Stimmrechte wie die Amtsrichter aus und nehmen auch an denjenigen, im Laufe einer Hauptverhandlung zu erlassenden Entscheidungen teil, welche in keiner Beziehung zu der Urteilsfällung stehen, und welche auch ohne vorgängige mündliche Verhandlung erlassen werden können.

Die außerhalb der Hauptverhandlung erforderlichen Entscheidungen werden von dem Amtsrichter erlassen.

Abs. 1: Ausn.: §§ 52—54, 56; StPO. § 31 II (Entscheidung des Amtsrichters über Ausschließung oder Ablehnung von Schöffen); vgl. auch § 26 Anm. Dagegen wirken die Schöffen z. B. bei Entscheidungen nach §§ 178—180 mit. Reihenfolge der Abstimmung: § 199 I.

Abs. 2: „Außerhalb", vor oder nach der Hauptverhandlung: vgl. z. B. StPO. §§ 200 ff., 360, 407, 423, 436, 494.

b) **Befähigung zum Schöffenamt.**

§ 31. Das Amt eines Schöffen ist ein Ehrenamt. Dasselbe kann nur von einem Deutschen versehen werden.

„Ehrenamt": Nur Vergütung der Reisekosten (§ 55). Verpflichtung zur Annahme des Amtes, Ablehnung der Berufung nur aus bestimmten Gründen (§ 35), Bestrafung (§ 56). „Deutscher": StAngG. vom 1. VI. 70, RV. Art. 3; Nichtdeutsche und Frauen sind zum Schöffenamt unfähig im Sinne § 32; mangelnder Wohnsitz im Gerichtsbezirke dagegen bewirkt diese Unfähigkeit nicht (RG. i. Str. XXXIX 278, 306).

α) **Unfähige Personen.**

§ 32. Unfähig zu dem Amte eines Schöffen sind:

1. Personen, welche die Befähigung infolge strafgerichtlicher Verurteilung verloren haben;
2. Personen, gegen welche das Hauptverfahren wegen eines Verbrechens oder Vergehens eröffnet ist, das die Aberkennung der bürgerlichen Ehrenrechte oder der Fähigkeit zur Bekleidung öffentlicher Aemter zur Folge haben kann;
3. Personen, welche infolge gerichtlicher Anordnung in der Verfügung über ihr Vermögen beschränkt sind.

Das Gesetz unterscheidet:

a) Zum Schöffen- und Geschworenenamt unfähige Personen (§§ 31, 32). Bei deren Mitwirkung als Schöffen oder Geschworene ist das Gericht bzw. die Geschworenenbank „nicht vorschriftsmäßig besetzt" und das Urteil „stets als auf einer Verletzung des Gesetzes beruhend anzusehen" (StPO. § 377 [1]). Die zur Rechtsbeständigkeit des Verfahrens erforderliche Fähigkeit muß im Zeitpunkt der tatsächlichen Amtsausübung vorhanden sein. Enthebung bei nachträglichem Eintritt oder Bekanntwerden der Unfähigkeit: § 52 I.

b) Personen, die nicht berufen werden sollen (§§ 33, 34). Ihre Mitwirkung macht das Gericht (bzw. die Geschworenenbank) noch nicht zu einem „nicht vorschriftsmäßig besetzten" im Sinne § 377 [1] StPO. und das Verfahren nicht nichtig: Bloße Ordnungsvorschrift. Der Berufene darf die Amtsübernahme verweigern; eine Frist für die Ablehnung ist hier nicht, wie in den Fällen des § 35 (§ 53), bestimmt. Auch die in §§ 33, 34 bezeichneten Personen sind wie die Unfähigen (§ 32) nicht in die Urliste aufzunehmen (§ 36); treten die Umstände, wegen deren eine Berufung nicht erfolgen soll, erst nach Aufnahme in die Jahresliste hervor, so ist der betr. Schöffe zur Dienstleistung ferner nicht heranzuziehen: § 52 II.

c) Personen, die ablehnen dürfen (§ 35).
Nr. 1: StGB. §§ 31, 33—35, 358.
Nr. 2: StPO. §§ 201, 270; StGB. §§ 31 f.
Nr. 3: Entmündigung wegen Geisteskrankheit, Geistesschwäche, Verschwendung, Trunksucht (BGB. §§ 6, 104 [3], 114, ZPO. §§ 645 ff., 680); Konkurseröffnung, allgemeines Veräußerungsverbot (KO. §§ 6, 106). — Außer den in Nr. 1—3 genannten Personen sind aber auch Frauen, Nichtdeutsche (§ 31) und Minderjährige (vgl. § 33 [1]) unfähig, nicht aber Schöffen, die keinen Wohnsitz im Gerichtsbezirke haben (RG. i. Str. XXXIX 278, 306).

β) Personen, die ihrer persönlichen Verhältnisse halber nicht berufen werden sollen.

§ 33. Zu dem Amte eines Schöffen sollen nicht berufen werden:

1. Personen, welche zur Zeit der Aufstellung der Urliste das dreißigste Lebensjahr noch nicht vollendet haben;
2. Personen, welche zur Zeit der Aufstellung der Urliste den Wohnsitz in der Gemeinde noch nicht zwei volle Jahre haben;
3. Personen, welche für sich oder ihre Familie Armenunterstützung aus öffentlichen Mitteln empfangen oder in den drei letzten Jahren, von Aufstellung der Urliste zurückgerechnet, empfangen haben;
4. Personen, welche wegen geistiger oder körperlicher Gebrechen zu dem Amte nicht geeignet sind;
5. Dienstboten.

S. § 32 Anm. b.
Nr. 1—3: Bestimmung des Zeitpunkts der Aufstellung der Urliste (§ 36) durch Landesjustizverwaltung: § 57.
Nr. 5: Der Begriff „Dienstboten" bestimmt sich nach bürgerlichem (Landes- und Gewohnheits-) Recht (EGzBGB. Art. 95).

γ) Personen, die ihrer Stellung halber nicht berufen werden sollen.

§ 34. Zu dem Amte eines Schöffen sollen ferner nicht berufen werden:

1. Minister;
2. Mitglieder der Senate der freien Hansestädte;
3. Reichsbeamte, welche jederzeit einstweilig in den Ruhestand versetzt werden können;

4. Staatsbeamte, welche auf Grund der Landesgesetze jederzeit einstweilig in den Ruhestand versetzt werden können;
5. richterliche Beamte und Beamte der Staatsanwaltschaft;
6. gerichtliche und polizeiliche Vollstreckungsbeamte;
7. Religionsdiener;
8. Volksschullehrer;
9. dem aktiven Heere oder der aktiven Marine angehörende Militärpersonen.

Die Landesgesetze können außer den vorbezeichneten Beamten höhere Verwaltungsbeamte bezeichnen, welche zu dem Amte eines Schöffen nicht berufen werden sollen.

S. § 32 Anm. b und § 97 (Geschwor. und Schöffe für dasselbe Geschäftsjahr).

Nr. 3: RVG. vom $\frac{31. \text{III}. 73}{18. \text{V}. 07}$.

Nr. 5: „Richterliche Beamte", auch Handelsrichter (§ 116), bei Gericht beschäftigte Assessoren (§ 10), Mitglieder der Sondergerichte (§§ 13, 14). „Beamte der Staatsanwaltschaft", auch Amtsanwälte im Haupt- oder Nebenamt (§ 143), nicht Hilfsbeamte der Staatsanwaltschaft (§ 153); diese fallen aber regelmäßig unter Nr. 6 („polizeiliche Vollstreckungsbeamte").

Nr. 6: „Gerichtliche Vollstreckungsbeamte": Gerichtsvollzieher (§ 155). Der Begriff der „polizeilichen Vollstreckungsbeamten" richtet sich nach Landesrecht (vgl. Nr. 5 Anm.).

Nr. 9: Personen des Soldatenstandes und Militärbeamte, nicht Zivilbeamte der Militärverwaltung.

δ) Ablehnungsberechtigte.

§ 35. Die Berufung zum Amte eines Schöffen dürfen ablehnen:

1. Mitglieder einer deutschen gesetzgebenden Versammlung;
2. Personen, welche im letzten Geschäftsjahre die Verpflichtung eines Geschworenen, oder an wenigstens fünf Sitzungstagen die Verpflichtung eines Schöffen erfüllt haben;
3. Aerzte;
4. Apotheker, welche keine Gehilfen haben;
5. Personen, welche das fünfundsechzigste Lebensjahr zur Zeit der Aufstellung der Urliste vollendet haben

oder dasselbe bis zum Ablaufe des Geschäftsjahres vollenden würden;

6. Personen, welche glaubhaft machen, daß sie den mit der Ausübung des Amts verbundenen Aufwand zu tragen nicht vermögen.

Die Ablehnungsberechtigten sind, solange sie nicht von ihrem Ablehnungsrecht Gebrauch machen, in die Urliste aufzunehmen (§ 36). Frist für Geltendmachung der Ablehnungsgründe: § 53.

Nr. 2: „Geschäftsjahr" = Kalenderjahr. „Die Verpflichtung eines Geschworenen" hat erfüllt, wer als (Haupt- oder Hilfs-) Geschworener einberufen, der Einberufung Folge geleistet, wenn auch nicht in einer bestimmten Sache mitgewirkt hat (RG. i. Str. XII 373). §§ 43 II, 91 II.

Nr. 3: Auch Spezial- (z. B. Zahn-) und Tierärzte, nicht Zahntechniker (vgl. GewO. § 29).

Nr. 5: Bestimmung des Zeitpunktes der Aufstellung der Urliste (§ 36) durch Landesjustizverwaltung (§ 57). „Geschäftsjahr" = Kalenderjahr (wie in Nr. 2).

c) Verfahren bei Auswahl der Schöffen: α) Urliste; deren alljährliche Aufstellung und Auslegung.

§ 36. Der Vorsteher einer jeden Gemeinde oder eines landesgesetzlich der Gemeinde gleichstehenden Verbandes hat alljährlich ein Verzeichnis der in der Gemeinde wohnhaften Personen, welche zu dem Schöffenamte berufen werden können, aufzustellen (Urliste).

Die Urliste ist in der Gemeinde eine Woche lang zu jedermanns Einsicht auszulegen. Der Zeitpunkt der Auslegung ist vorher öffentlich bekannt zu machen.

Abs. 1: „Alljährlich" bis zu dem durch die Landesjustizverwaltung zu bestimmenden Tage (§ 57). In die Urliste sind aufzunehmen: alle männlichen Gemeindemitglieder, welche Deutsche sind (§ 31), mit Ausnahme der in §§ 32—34 bezeichneten Personen sowie derjenigen Ablehnungsberechtigten (§ 35), deren Ablehnung dem Gemeindevorsteher bekannt ist.

Abs. 2: § 39.

Einsprache.

§ 37. Gegen die Richtigkeit oder Vollständigkeit der Urliste kann innerhalb der einwöchigen Frist schriftlich oder zu Protokoll Einsprache erhoben werden.

„Einwöchige Frist", d. i. Auslegungsfrist des § 36 II. Zur „Einsprache" ist jedermann berechtigt.

Uebersendung der Urliste samt Einsprachen an den Amtsrichter.

§ 38. Der Gemeindevorsteher sendet die Urliste nebst den erhobenen Einsprachen und den ihm erforderlich erscheinenden Bemerkungen an den Amtsrichter des Bezirks.

Wird nach Absendung der Urliste die Berichtigung derselben erforderlich, so hat der Gemeindevorsteher hiervon dem Amtsrichter Anzeige zu machen.

Abs. 1: Zeitpunkt der Einreichung ist durch Landesjustizverwaltung zu bestimmen (§ 57).

Zusammenstellung und Prüfung der Urlisten durch den Amtsrichter.

§ 39. Der Amtsrichter stellt die Urlisten des Bezirks zusammen und bereitet den Beschluß über die Einsprachen gegen dieselben vor. Er hat die Beachtung der Vorschriften des § 36 Abs. 2 zu prüfen und die Abstellung etwaiger Mängel zu veranlassen.

„Beschluß über die Einsprachen", d. h. Entscheidung des Ausschusses (§ 41).

Ausschuß zur Wahl der Schöffen.

§ 40. Bei dem Amtsgerichte tritt alljährlich ein Ausschuß zusammen.

Der Ausschuß besteht aus dem Amtsrichter als Vorsitzenden und einem von der Landesregierung zu bestimmenden Staatsverwaltungsbeamten, sowie sieben Vertrauensmännern als Beisitzern.

Die Vertrauensmänner werden aus den Einwohnern des Amtsgerichtsbezirks gewählt.

Die Wahl erfolgt nach näherer Bestimmung der Landesgesetze durch die Vertretungen der Kreise, Aemter, Gemeinden oder dergleichen Verbände; wenn solche Vertretungen nicht vorhanden sind, durch den Amtsrichter. Letzterer hat die Vertrauensmänner vornehmlich aus den Vorstehern der vorbezeichneten Verbände zu wählen.

Zur Beschlußfähigkeit des Ausschusses genügt die Anwesenheit des Vorsitzenden, des Staatsverwaltungsbeamten und dreier Vertrauensmänner. Der Ausschuß faßt seine Beschlüsse nach der absoluten Mehrheit der

Stimmen. Bei Stimmengleichheit entscheidet die Stimme des Vorsitzenden.

Der Ausschuß wird alljährlich neu zusammengesetzt. Die Zeit seiner Berufung bestimmt die Landesjustizverwaltung (§ 57).

„Vertrauensmänner“: §§ 55 (Vergütung der Reisekosten), 56 (Ordnungsstrafe bei unentschuldigtem Ausbleiben).

In Abs. 4 sind gewählte „Vertretungen“ gemeint.

Entscheidung über Einsprachen.

§ 41. Der Ausschuß entscheidet über die gegen die Urliste erhobenen Einsprachen. Die Entscheidungen sind zu Protokoll zu vermerken. Beschwerde findet nicht statt.

Bei trotz Einsprache erfolgter Aufnahme in die Vorschlagsliste der Geschworenen (§§ 87 f.) entscheidet das Landgericht endgültig (§ 89 II).

β) Jahresliste der gewählten Schöffen.

§ 42. Aus der berichtigten Urliste wählt der Ausschuß für das nächste Geschäftsjahr:

1. die erforderliche Zahl von Schöffen;
2. die erforderliche Zahl derjenigen Personen, welche in der von dem Ausschusse festzusetzenden Reihenfolge an die Stelle wegfallender Schöffen treten (Hilfsschöffen). Die Wahl ist auf Personen zu richten, welche am Sitze des Amtsgerichts oder in dessen nächster Umgebung wohnen.

Wahl der Geschworenen: §§ 87, 97. „Geschäftsjahr“ = Kalenderjahr. „Erforderliche Zahl“: § 43.

Nr. 2: §§ 48 f.

Bestimmung der Zahl der Schöffen durch die Landesjustizverwaltung.

§ 43. Die für jedes Amtsgericht erforderliche Zahl von Hauptschöffen und Hilfsschöffen wird durch die Landesjustizverwaltung bestimmt.

Die Bestimmung der Zahl der Hauptschöffen erfolgt in der Art, daß voraussichtlich jeder höchstens zu fünf ordentlichen Sitzungstagen im Jahre herangezogen wird.

Abs. 2: § 35 ².

§ 44. Die Namen der erwählten Hauptschöffen und Hilfsschöffen werden bei jedem Amtsgerichte in gesonderte Verzeichnisse aufgenommen (Jahreslisten).

d) Auslosung der Schöffen: α) für die auf ein Jahr im voraus bestimmten ordentlichen Sitzungen.

§ 45. Die Tage der ordentlichen Sitzungen des Schöffengerichts werden für das ganze Jahr im voraus festgestellt.

Die Reihenfolge, in welcher die Hauptschöffen an den einzelnen ordentlichen Sitzungen des Jahres teilnehmen, wird durch Auslosung in öffentlicher Sitzung des Amtsgerichts bestimmt. Das Los zieht der Amtsrichter.

Ueber die Auslosung wird von dem Gerichtsschreiber ein Protokoll aufgenommen.

Auslosung zu außerordentlichen Sitzungen: § 48.
Abs. 2: § 57.
Zuziehung der Staatsanwaltschaft nicht erforderlich; anders § 91 I.

Benachrichtigung der Schöffen von ihrer Auslosung.

§ 46. Der Amtsrichter setzt die Schöffen von ihrer Auslosung und von den Sitzungstagen, an welchen sie in Tätigkeit zu treten haben, unter Hinweis auf die gesetzlichen Folgen des Ausbleibens in Kenntnis.

In gleicher Weise werden die im Laufe des Geschäftsjahres einzuberufenden Schöffen benachrichtigt.

Abs. 1: Gesetzliche Folgen des (sc. unentschuldigten) Ausbleibens: § 56 (Ordnungsstrafe). Nochmalige besondere Ladung zur einzelnen Sitzung ist landesrechtlich (z. B. in Preußen, Bayern) angeordnet.
Abs. 2: §§ 42 ², 48 II, 49 (Hilfsschöffen, außerordentliche Sitzung, Ersatz für behinderte Schöffen).

Sitzungs-Tausch zwischen (zu verschiedenen Sitzungen berufenen) Hauptschöffen.

§ 47. Eine Aenderung in der bestimmten Reihenfolge kann auf übereinstimmenden Antrag der beteiligten Schöffen von dem Amtsrichter bewilligt werden, sofern die in den betreffenden Sitzungen zu verhandelnden Sachen noch nicht bestimmt sind. Der Antrag und die Bewilligung sind aktenkundig zu machen.

Durch Satz 1 („sofern . . . . noch nicht bestimmt sind") soll im Interesse der Unbefangenheit der Schöffen eine willkürliche Aenderung und Auswahl der Strafsachen ausgeschlossen werden. Wegen eingetretener Hinderungsgründe aber kann der Amtsrichter jederzeit einen Schöffen auf dessen Antrag von der Dienstleistung für bestimmte Sitzungstage entbinden (§ 54).

β) Außerordentliche Sitzungen.

§ 48. Wenn die Geschäfte die Anberaumung außerordentlicher Sitzungen erforderlich machen, so werden die einzuberufenden Schöffen vor dem Sitzungstage in Gemäßheit des § 45 ausgelost.

Erscheint dies wegen Dringlichkeit untunlich, so erfolgt die Auslosung durch den Amtsrichter lediglich aus der Zahl der am Sitze des Gerichts wohnenden Hilfsschöffen. Die Umstände, welche den Amtsrichter hierzu veranlaßt haben, sind aktenkundig zu machen.

Abs. 1: Die Auslosung erfolgt aus der Liste der Hauptschöffen.

γ) Zuziehung von Hilfsschöffen zu einzelnen Sitzungen.

§ 49. Wird zu einzelnen Sitzungen die Zuziehung anderer als der zunächst berufenen Schöffen erforderlich, so erfolgt dieselbe aus der Zahl der Hilfsschöffen nach der Reihenfolge der Jahresliste.

Würde durch die Berufung der letzteren eine Vertagung der Verhandlung oder eine erhebliche Verzögerung ihres Beginnes notwendig, so sind die nicht am Sitze des Gerichts wohnenden Hilfsschöffen zu übergehen.

Abs. 1: Das Erfordernis der Zuziehung anderer (bzw. noch anderer) als der zunächst (auch nach § 48 zu außerordentlichen Sitzungen) einberufenen Schöffen ergibt sich z. B., wenn ein zunächst berufener Schöffe von der Ausübung des Richteramts ausgeschlossen ist oder abgelehnt wird (StPO. §§ 22, 24, 31), oder bei Verhandlungen von längerer Dauer (§ 194 III: Ergänzungsschöffen).

δ) Verlängerung der Amtstätigkeit.

§ 50. Erstreckt sich die Dauer einer Sitzung über die Zeit hinaus, für welche der Schöffe zunächst einberufen ist, so hat er bis zur Beendigung der Sitzung seine Amtstätigkeit fortzusetzen.

e) Beeidigung.

§ 51. Die Beeidigung der Schöffen erfolgt bei ihrer ersten Dienstleistung in öffentlicher Sitzung. Sie gilt für die Dauer des Geschäftsjahres.

Der Vorsitzende richtet an die zu Beeidigenden die Worte:

„Sie schwören bei Gott dem Allmächtigten und Allwissenden, die Pflichten eines Schöffen getreulich zu erfüllen und Ihre Stimmen nach bestem Wissen und Gewissen abzugeben."

Die Schöffen leisten den Eid, indem jeder einzeln die Worte spricht:

„ich schwöre es, so wahr mir Gott helfe."

Der Schwörende soll bei der Eidesleistung die rechte Hand erheben.

Ist ein Schöffe Mitglied einer Religionsgesellschaft, welcher das Gesetz den Gebrauch gewisser Beteuerungsformeln an Stelle des Eides gestattet, so wird die Abgabe einer Erklärung unter der Beteuerungsformel dieser Religionsgesellschaft der Eidesleistung gleich geachtet.

Ueber die Beeidigung wird von dem Gerichtsschreiber ein Protokoll aufgenommen.

Abs. 1: Die Beeidigung ist kein Teil der Hauptverhandlung (StPO. § 242; anders bei Bildung der Geschworenenbank und Beeidigung der Geschworenen: StPO. §§ 278, 288), die Anwesenheit des Angeklagten oder der Staatsanwaltschaft nicht erforderlich, wohl aber die eines Gerichtsschreibers (letzter Abs.). „Geschäftsjahr" = Kalenderjahr.

f) Enthebung α) wegen eingetretener Unfähigkeit usw.

§ 52. Wenn die Unfähigkeit einer als Schöffe in die Jahresliste aufgenommenen Person eintritt oder bekannt wird, so ist der Name derselben von der Liste zu streichen.

Ein Schöffe, hinsichtlich dessen nach seiner Aufnahme in die Jahresliste andere Umstände eintreten oder bekannt werden, bei deren Vorhandensein eine Berufung zum Schöffenamte nicht erfolgen soll, ist zur Dienstleistung ferner nicht heranzuziehen.

Die Entscheidung erfolgt durch den Amtsrichter nach Anhörung der Staatsanwaltschaft und des beteiligten Schöffen.

Beschwerde findet nicht statt.

Abs. 1: Unfähigkeit: §§ 31, 32. Nicht hierher gehört das Bekanntwerden von Unfähigkeitsgründen, über die bereits der Ausschuß entschieden hat (§ 41).

Abs. 2: §§ 33 f., 97.

Abs. 3 bezieht sich auf Abs. 1 und 2.

Abs. 4: Aber das unter Mitwirkung eines unfähigen (§ 32) Schöffen ergangene Urteil ist schon deshalb allein anfechtbar β) Geltendmachung von Ablehnungsgründen.

§ 53. Ablehnungsgründe sind nur zu berücksichtigen, wenn sie innerhalb einer Woche, nachdem der beteiligte Schöffe von seiner Einberufung in Kenntnis gesetzt worden ist, von demselben geltend gemacht werden. Fällt ihre Entstehung oder Bekanntwerdung in eine spätere Zeit, so ist die Frist erst von diesem Zeitpunkte zu berechnen.

Der Amtsrichter entscheidet über das Gesuch nach Anhörung der Staatsanwaltschaft. Beschwerde findet nicht statt.

S. § 35.

γ) Zeitweise Entbindung von der Dienstleistung.

§ 54. Der Amtsrichter kann einen Schöffen auf dessen Antrag wegen eingetretener Hinderungsgründe von der Dienstleistung an bestimmten Sitzungstagen entbinden.

Die Entbindung des Schöffen von der Dienstleistung kann davon abhängig gemacht werden, daß ein anderer für das Dienstjahr bestimmter Schöffe für ihn eintritt.

Der Antrag und die Bewilligung sind aktenkundig zu machen.

Anhörung der Staatsanwaltschaft ist nicht erforderlich (anders § 53 II). Beschwerde auch hier (wie nach §§ 52 f.) unstatthaft. Fehlen genügende „Hinderungsgründe", so kann nur unter der Voraussetzung des § 47 eine Aenderung in der bestimmten Reihenfolge auf übereinstimmenden Antrag der beteiligten Schöffen vom Amtsrichter bewilligt werden.

g) Vergütung der Reisekosten.

§ 55. Die Schöffen und die Vertrauensmänner des Ausschusses erhalten Vergütung der Reisekosten.

h) Ordnungsstrafe wegen Ausbleibens.

§ 56. Schöffen und Vertrauensmänner des Ausschusses, welche ohne genügende Entschuldigung zu den Sitzungen nicht rechtzeitig sich einfinden oder ihren Obliegenheiten in anderer Weise sich entziehen, sind zu einer Ordnungsstrafe von fünf bis zu eintausend Mark, sowie in die verursachten Kosten zu verurteilen.

Die Verurteilung wird durch den Amtsrichter nach Anhörung der Staatsanwaltschaft ausgesprochen. Erfolgt nachträglich genügende Entschuldigung, so kann die Verurteilung ganz oder teilweise zurückgenommen werden. Gegen die Entscheidungen findet Beschwerde von seiten des Verurteilten nach den Vorschriften der Strafprozeßordnung statt.

Abs. 1: Umwandlung der Geldstrafe in Freiheitsstrafe für den Fall der Uneinbringlichkeit findet nicht statt. Die Verurteilung erfolgt durch Beschluß. Vorschützen unwahrer Tatsachen als Entschuldigung: StGB. § 138.

Abs. 2: Anhörung des Schöffen oder Vertrauensmanns nicht vorgeschrieben. Ueber die Beschwerde (StPO. §§ 346—352), die nur dem Verurteilten, nicht auch der Staatsanwaltschaft zusteht, entscheidet das Landgericht (GVG. § 72); weitere Beschwerde ist nicht statthaft (StPO. § 352).

Zeitpunkt für Aufstellung und Einreichung der Urlisten, Berufung des Ausschusses und Auslosung der Schöffen.

§ 57. Bis zu welchem Tage die Urlisten aufzustellen und dem Amtsrichter einzureichen sind, der Ausschuß zu berufen und die Auslosung der Schöffen zu bewirken ist, wird durch die Landesjustizverwaltung bestimmt.

Fünfter Titel.

Landgerichte.

1. Besetzung.

§ 58. Die Landgerichte werden mit einem Präsidenten und der erforderlichen Anzahl von Direktoren und Mitgliedern besetzt.

Die Mitglieder können gleichzeitig Amtsrichter im Bezirke des Landgerichts sein.

Die Landgerichtssitze bestimmt das Landesrecht.
Abs. 2 hinzugefügt durch Novelle vom 1. VI. 09.

2. Geschäftsverteilung: Zivil- und Strafkammern.

§ 59. Bei den Landgerichten werden Zivil- und Strafkammern gebildet.

Die Zahl der Kammern bestimmt die Landesjustizverwaltung. Wenn eine gerichtliche Handlung bloß der Geschäftsverteilung nicht entspricht, ist die Zuständigkeit nicht zu bemängeln (vgl. § 22 II Anm.).

Untersuchungsrichter.

§ 60. Bei den Landgerichten sind Untersuchungsrichter nach Bedürfnis zu bestellen.

Die Bestellung erfolgt durch die Landesjustizverwaltung auf die Dauer eines Geschäftsjahres.

„Bei den Landgerichten“: Nicht bei den Strafkammern, auch nicht bei detachierten Strafkammern (§ 78). Beim Reichsgericht: Bestellung für jede Strafsache aus der Zahl der Mitglieder usw. (StPO. § 184). Dem Untersuchungsrichter obliegt die Eröffnung und Führung der Voruntersuchungen (StPO. § 182). StPO. §§ 23 II (er darf nicht Mitglied der erkennenden oder beschließenden Strafkammer sein), 27 II (über seine Ablehnung entscheidet das Landgericht), 36 II (Zustellung und Vollstreckung), 50 III (Bestrafung ausgebliebener Zeugen), 69 III (Zeugnisverweigerung), 124 II, 129 (Untersuchungshaft), 176 ff. (Voruntersuchung), 346, 348 (Beschwerde gegen Entscheidungen des Untersuchungsrichters).

Abs. 2: „Geschäftsjahr“ = Kalenderjahr.

Vorsitz.

§ 61. Den Vorsitz im Plenum führt der Präsident, den Vorsitz in den Kammern führen der Präsident und die Direktoren. Vor Beginn des Geschäftsjahres bestimmt der Präsident die Kammer, welcher er sich anschließt. Ueber die Verteilung des Vorsitzes in den übrigen Kammern entscheiden der Präsident und die Direktoren nach Stimmenmehrheit; im Falle der Stimmengleichheit gibt die Stimme des Präsidenten den Ausschlag.

§§ 61—69 wollen die Landgerichte vor Einwirkung der Landesjustizverwaltung möglichst sichern; deshalb sollen sie die Mitglieder in die Kammern und die Geschäfte unter diese selbst verteilen (anders bei der ersten Einrichtung: EG. § 20).

Ordentliche Vorsitzende der Kammern (nicht ihre Stellvertreter im Verhinderungsfall: § 65) müssen zur vorschriftsmäßigen Besetzung des Gerichts mindestens Direktoren sein; Ausnahmen bestehen für Strafkammern bei Amtsgerichten und allgemein für Kammern für Handelssachen (§§ 78, 109 f.).

„Geschäftsjahr“ = Kalenderjahr.

Bei der Verteilung des Vorsitzes (Satz 3) wirkt das älteste Mitglied (§ 63 II) nicht mit.

Geschäftsverteilung unter die Kammern und Bestimmung der Mitglieder.

§ 62. Vor Beginn des Geschäftsjahres werden auf die Dauer desselben die Geschäfte unter die Kammern verselben Art verteilt und die ständigen Mitglieder der einzelnen Kammern sowie für den Fall ihrer Verhinderung die regelmäßigen Vertreter bestimmt. Jeder Richter kann zum Mitgliede mehrerer Kammern bestimmt werden.

Die getroffene Anordnung kann im Laufe des Geschäftsjahres nur geändert werden, wenn dies wegen eingetretener Ueberlastung einer Kammer oder infolge Wechsels oder dauernder Verhinderung einzelner Mitglieder des Gerichts erforderlich wird.

„Geschäftsjahr" = Kalenderjahr. Abs. 1: Die Zivilsachen werden unter die Zivilkammern, die Strafsachen unter die Strafkammern verteilt. Nach welchen Gesichtspunkten die Geschäftsverteilung unter mehreren Zivil- oder mehreren Strafkammern erfolgt (vgl. § 22 II Anm.), steht im Belieben des Präsidiums (§ 63).

Abs. 2: „Dauernde Verhinderung": Verhinderung von längerer Zeitdauer, wie längerer Urlaub — Nachprüfung in der Revisionsinstanz (RG. i. Str. XX 386).

Präsidium.

§ 63. Die im vorstehenden Paragraphen bezeichneten Anordnungen erfolgen durch das Präsidium.

Das Präsidium wird durch den Präsidenten als Vorsitzenden, die Direktoren und das dem Dienstalter nach, bei gleichem Dienstalter das der Geburt nach älteste Mitglied gebildet. Das Präsidium entscheidet nach Stimmenmehrheit; im Falle der Stimmengleichheit gibt die Stimme des Präsidenten den Ausschlag.

„Präsidium" (ebenso §§ 69 I, 78 II): Nicht der Präsident (wie in §§ 64, 66, 83 II); das Präsidium kann seine Befugnisse auch nicht vorübergehend auf diesen übertragen. Selbst nachträgliche Genehmigung einer Anordnung des Präsidenten durch das Präsidium heilt nicht den Mangel nichtvorschriftsmäßiger Besetzung des Gerichts (RG. i. Str. XXIII 167).

Behandlung am Jahresschluß unerledigter Sachen.

§ 64. Der Präsident kann bestimmen, daß einzelne Untersuchungen von dem Untersuchungsrichter, dessen Bestellung mit dem Ablaufe des Geschäftsjahres erlischt, zu Ende geführt werden, sowie daß in einzelnen Sachen, in welchen während des Geschäftsjahres eine Verhandlung bereits stattgefunden hat, die Kammer in ihrer früheren Zusammensetzung auch nach Ablauf des Geschäftsjahres verhandle und entscheide.

Ausnahmen von der Regel der §§ 60 II, 62.

Vertretung der Kammer-Vorsitzenden und des Präsidenten.

§ 65. Im Falle der Verhinderung des ordentlichen Vorsitzenden führt den Vorsitz in der Kammer dasjenige Mitglied der Kammer, welches dem Dienstalter nach und bei gleichem Dienstalter der Geburt nach das älteste ist.

Der Präsident wird in seinen übrigen durch dieses Gesetz bestimmten Geschäften durch denjenigen Direktor vertreten, welcher dem Dienstalter nach und bei gleichem Dienstalter der Geburt nach der älteste ist.

Abs. 1: „Ordentlicher Vorsitzender": Präsident oder Direktor (§ 61). Ist auch der älteste Beisitzer an der Uebernahme des Vorsitzes verhindert usw., so kommt jeweils der nächstälteste an die Reihe. Der Vorsitzende, der als solcher, d. h. bloß an der Vorsitzführung, (z. B. wegen Halsleidens und Schonungsbedürftigkeit seiner Stimme) verhindert ist, oder das zu seiner Vertretung berufene Mitglied, das den Vorsitz ebenfalls nicht übernehmen kann, dürfen als Beisitzer fungieren. **Abs. 2**: „Durch dieses Gesetz": §§ 61 (Vorsitz im Plenum), 64, 66 (Bestimmung eines zeitweiligen Vertreters), 83 II (Bestimmung der richterlichen Mitglieder des Schwurgerichts). Die Vertretung des Präsidenten in ihm durch andere (z. B. Disziplinar-) Vorschriften übertragenen Geschäften regelt das GVG. nicht.

Verhinderung des regelmäßigen Vertreters.

§ 66. Im Falle der Verhinderung des regelmäßigen Vertreters eines Mitgliedes wird ein zeitweiliger Vertreter durch den Präsidenten bestimmt.

„Regelmäßige Vertreter": § 62 I. Der „zeitweilige Vertreter" ist aus den Mitgliedern des Landgerichts zu bestimmen. Dem Vorsitzenden der Kammer kann die Befugnis des § 66 nicht übertragen werden (RG. i. Str. XLI 184).

Kammer für Handelssachen.

§ 67. Die Bestimmungen der §§ 61—66 finden auf die Kammern für Handelssachen keine Anwendung.

S. §§ 100 ff.

Geschäftsverteilung in der Kammer.

§ 68. Innerhalb der Kammer verteilt der Vorsitzende die Geschäfte auf die Mitglieder.

„Die Geschäfte": Die Leitung der Verhandlung darf der Vorsitzende einem Beisitzer nicht übertragen, wohl aber einzelne Befugnisse, wie Zeugenvernehmung.

Außerordentliche Stellvertretung.

§ 69. Soweit die Vertretung eines Mitgliedes nicht durch ein Mitglied desselben Gerichts möglich ist, erfolgt die Anordnung derselben auf den Antrag des Präsidiums durch die Landesjustizverwaltung.

Die Beiordnung eines nicht ständigen Richters darf, wenn sie auf eine bestimmte Zeit erfolgte, vor Ablauf dieser Zeit, wenn sie auf unbestimmte Zeit erfolgte, solange das Bedürfnis, durch welches sie veranlaßt wurde, fortdauert, nicht widerrufen werden. Ist mit der Vertretung eine Entschädigung verbunden, so ist diese für die ganze Dauer im voraus festzustellen.

Unberührt bleiben diejenigen landesgesetzlichen Bestimmungen, nach welchen richterliche Geschäfte nur von ständig angestellten Richtern wahrgenommen werden können, sowie diejenigen, welche die Vertretung durch ständig angestellte Richter regeln.

Abs. 1: Bei Unmöglichkeit der Vertretung „durch ein Mitglied desselben (Land-)Gerichts" (nach §§ 62, 66), auch durch den Präsidenten oder einen Direktor, Einberufung („Beiordnung") eines Nichtmitglieds. Durch die Landesjustizverwaltung erfolgt nur dessen Zuweisung an das Gericht, seine Verwendung und Zuteilung zu einer bestimmten Kammer sodann durch das Präsidium (§§ 62 f.).

Abs. 2: Die „Beiordnung" nicht ständiger Richter ist nicht auf den Fall der Vertretung (Abs. 1) beschränkt, sondern umfaßt auch die allgemeine Aushilfe. Der „Widerruf" ist vor Zeitablauf nur mit Zustimmung des Vertreters zulässig. Hierin sowie in der vorgeschriebenen Feststellung der Entschädigung soll eine Garantie für die richterliche Unabhängigkeit liegen (vgl. §§ 6 ff.).

Abs. 3: Auf solche nach Landesgesetz zur Aushilfe herangezogene, ständig angestellte Richter sind Abs. 1, 2 unanwendbar. Die in mehreren Bundesstaaten (z. B. in Bayern) bestehende Regelung ist aufrecht erhalten, da sie (wie in der Justizkommission betont wurde) die richterliche Unabhängigkeit mehr garantiert als das preußische Assessorentum. Vgl. §§ 10, 122.

3. Sachliche*) Zuständigkeit:) a) Zivilkammer:**

α) I. Instanz.

§ 70. Vor die Zivilkammern, einschließlich der Kammern für Handelssachen, gehören alle bürgerlichen Rechts-

*) Die örtliche Zuständigkeit (der Gerichtsstand) wird durch die Prozeßordnungen geregelt.

**) Hierher gehören auch §§ 89, 91 (Wahl der Haupt- und

streitigkeiten, welche nicht den Amtsgerichten zugewiesen sind.

Die Landgerichte sind ohne Rücksicht auf den Wert des Streitgegenstandes ausschließlich zuständig:

1. für die Ansprüche, welche auf Grund des Gesetzes vom 1. Juni 1870 über die Abgaben von der Flößerei oder auf Grund des Gesetzes über die Rechtsverhältnisse der Reichsbeamten vom 31. März 1873 gegen den Reichsfiskus erhoben werden;
2. für die Ansprüche gegen Reichsbeamte wegen Ueberschreitung ihrer amtlichen Befugnisse oder wegen pflichtwidriger Unterlassung von Amtshandlungen.

Der Landesgesetzgebung bleibt überlassen, Ansprüche der Staatsbeamten gegen den Staat aus ihrem Dienstverhältnisse, Ansprüche gegen den Staat wegen Verfügungen der Verwaltungsbehörden, wegen Verschuldung von Staatsbeamten und wegen Aufhebung von Privilegien, Ansprüche gegen Beamte wegen Ueberschreitung ihrer amtlichen Befugnisse oder wegen pflichtwidriger Unterlassung von Amtshandlungen, sowie Ansprüche in betreff öffentlicher Abgaben ohne Rücksicht auf den Wert des Streitgegenstandes den Landgerichten ausschließlich zuzuweisen.

Abs. 1: Zuständigkeit der Kammer für Handelssachen: §§ 100a, 101, der Amtsgerichte: §§ 23 f. — Weitere Zuständigkeit der Zivilkammer: ZPO. §§ 606, 642 (Ehe- und Kindschaftssachen), 665, 679, 684, 686 (Anfechtungs- und Wiederaufhebungsklage in Entmündigungssachen), 957 (Anfechtungsklage im Aufgebotsverfahren), HGB. §§ 271 f., 320 II (Anfechtung eines Generalversammlungsbeschlusses), GenG. §§ 51, 109, 112, GmbHG. §§ 61 f., FreigesprG. vom 20. V. 98 § 5 III, UntersuchEntschG. vom 14. VII. 04 § 6 und andere Gesetze.

Hilfsgeschworenen aus der Vorschlagsliste, Auslosung der Hauptgeschworenen vor Beginn der Schwurgerichtssitzungen). Das GVG. regelt nur die sachliche Zuständigkeit in der ordentlichen streitigen Gerichtsbarkeit (EG. § 2); Angelegenheiten der freiwilligen Gerichtsbarkeit: FGG. §§ 5, 194 (Bestimmung des örtlich zuständigen Gerichts), 19, 30 (Entscheidung über Beschwerden), 46, 194 (Entscheidung über Abgabe der Vormundschaft an ein anderes Vormundschaftsgericht), 143 (Löschung im Handelsregister), 197 (Aufbewahrung der Standesamts-Nebenregister); Grundbuchsachen: GBO. §§ 72, 81 (Entscheidung über Beschwerden).

Abs. 2: ZPO. §§ 40 II (Vereinbarung über Zuständigkeit eines andern Gerichts unzulässig), 547 ² (Revision ohne Rücksicht auf den Wert des Beschwerdegegenstandes statthaft).

Nr. 1: Neuredaktion des RBG. vom 18. V. 07 (RGBl. S. 245) §§ 144, 149 ff.

Nr. 2: Auch wenn die Beamten zur Zeit der Klageerhebung nicht mehr die Reichsbeamteneigenschaft besitzen (RG. i. Z. XXXIII 244).

Abs. 3: „**Ansprüche der Staatsbeamten**" (vgl. § 9) **oder ihrer Hinterbliebenen** (RG. i. Z. XIV 367, XXXII 119), **gleichviel ob das Amt auf Lebenszeit übertragen oder einer Kündigung unterworfen ist** u. dgl., „**gegen den Staat**", nicht den Reichsfiskus (Abs. 2 Nr. 1) oder gegen Gemeinden. „**Ansprüche gegen den Staat wegen Verfügungen der (sc. staatlichen) Verwaltungsbehörden**", soweit nach der Landesgesetzgebung der Rechtsweg überhaupt zulässig ist, „**wegen Verschuldung von Staatsbeamten**", die zum Inhalte des öffentlich-rechtlichen (nicht eines privatrechtlichen) Dienstverhältnisses in Beziehung steht (vgl. GVO. § 12), nicht Ansprüche aus privatrechtlichen, für den Staat durch Beamte abgeschlossenen Verträgen (RG. i. Z. XVIII 169, XL 399). „**Ansprüche gegen Beamte**" (Abs. 2 Nr. 2 Anm., EG. § 11), z. B. Gerichtsvollzieher wegen pflichtwidriger Ausführung von Vollstreckungsaufträgen, aber nicht Ansprüche nur auf Grund des zivilrechtlichen Auftragsverhältnisses (Herausgabe des übergebenen Vollstreckungstitels, Vorschußrestes usw.). „**Oeffentliche Abgaben**": An öffentlich-rechtliche Verbände (Staat, Gemeinde, Kirche usw.) auf Grund öffentlichen Rechts zu entrichtende Leistungen von Geld oder anderen Vermögenswerten (Steuern, Umlagen, Gebühren, Stempel usw.).

β) II. Instanz.

§ 71. Die Zivilkammern, einschließlich der Kammern für Handelssachen, sind die Berufungs- und Beschwerdegerichte in den vor den Amtsgerichten verhandelten bürgerlichen Rechtsstreitigkeiten.

Ergänzt durch Novelle **vom** 1. VI. 09: Kammern für Handelssachen II. Instanz in amtsgerichtlichen Handelssachen (§ 100 a); so auch FGG. § 30. — Die Zivilkammern (nicht Kammern für Handelssachen) sind auch für Berufung und Beschwerde gegen Entscheidungen der Gewerbe- und Kaufmannsgerichte zuständig: GewGG. vom $\frac{\text{29. VII. 90}}{\text{29. IX. 01}}$ § 55, KfmGG. vom 6. VII. 04 § 16. **Berufung:** ZPO. §§ 511 ff.; **Beschwerde:** ZPO. §§ 567 ff., sowie GKG. §§ 4, 16, 47 f., GVGebO. § 22, ZGO. § 17, RAO. §§ 35 f., RAGO. §§ 12, 53, ZVG. §§ 95 ff., FGG. §§ 19, 30 [s. N.** zu § 70]. Nach §§ 160, 183 ist dagegen zur Entscheidung über Beschwerden in Sachen der Rechtshilfe und der Sitzungspolizei das Oberlandesgericht zuständig.

b) Strafkammer α) als beschließendes Gericht.

§ 72. Die Strafkammern sind zuständig für diejenigen die Voruntersuchung und deren Ergebnisse betreffenden Entscheidungen, welche nach den Vorschriften der Strafprozeßordnung von dem Gerichte zu erlassen sind; sie entscheiden über Beschwerden gegen Verfügungen des Untersuchungsrichters und des Amtsrichters, sowie gegen Entscheidungen der Schöffengerichte. Die Bestimmungen über die Zuständigkeit des Reichsgerichts werden hierdurch nicht berührt.

Die Strafkammern erledigen außerdem die in der Strafprozeßordnung den Landgerichten zugewiesenen Geschäfte.

Besetzung mit 3 Mitgliedern: § 77.

Abs. 1: Weitere Zuständigkeit in Schwurgerichtssachen: §§ 82 f., 98 f.; anders §§ 89, 91 (Jahres- und Spruchliste der Geschworenen). Zuständigkeit der Strafkammer als erkennendes Gericht: §§ 73 f., 76. — StPO. §§ 124 II, 178 f., 195 f., 199—202, 204 f., 208; 346 f., GVG. § 56 II; GKG. § 4, ZGO. § 17. In Sachen der Rechtshilfe und Sitzungspolizei ist das Oberlandesgericht Beschwerdegericht (§§ 160, 183). Zuständigkeit des Reichsgerichts: § 138 I.

Abs. 2: Die Aufzählung der Funktionen der beschließenden Strafkammer außerhalb des Hauptverfahrens in Abs. 1 ist nämlich nicht erschöpfend: StPO. §§ 27 II, 183, 197, 463 II. Endlich gehören alle Entscheidungen außerhalb der Hauptverhandlung in den Sachen hierher, für welche die Strafkammern als erkennende Gerichte zuständig sind.

β) Strafkammer als erkennendes Gericht.

§ 73. Die Strafkammern sind als erkennende Gerichte zuständig:

1. für die Vergehen, welche nicht zur Zuständigkeit der Schöffengerichte gehören;
2. für diejenigen Verbrechen, welche mit Zuchthaus von höchstens fünf Jahren, allein oder in Verbindung mit anderen Strafen bedroht sind. Diese Bestimmung findet nicht Anwendung in den Fällen der §§ 86, 100 und 106 des Strafgesetzbuchs;
3. für die Verbrechen der Personen, welche zur Zeit der Tat das achtzehnte Lebensjahr noch nicht vollendet hatten;

4. für das Verbrechen der Unzucht im Falle des § 176 Nr. 3 des Strafgesetzbuchs;
5. für die Verbrechen des Diebstahls in den Fällen der §§ 243 und 244 des Strafgesetzbuchs;
6. für das Verbrechen der Hehlerei in den Fällen der §§ 260 und 261 des Strafgesetzbuchs;
7. für das Verbrechen des Betruges im Falle des § 264 des Strafgesetzbuchs.

Besetzung nur in der Hauptverhandlung mit 5 Mitgliedern, sonst mit 3 Mitgliedern: § 77. Vgl. auch § 72 Anm.

Nr. 1: „Vergehen" nach Reichs- und Landesstrafrecht (StGB. § 1 II, EGzStGB. §§ 2, 5). Wegen der in § 75 aufgezählten Vergehen ist aber Ueberweisung an das Schöffengericht zulässig. Zur Zuständigkeit der Schöffengerichte gehören die in § 27^{2-8} bezeichneten Vergehen.

Nr. 2: StGB. §§ 1 I; 159, 171, 173 f., 179, 181, 218, 224, 227, 254, 258^{2}, 268^{1}, 321, 332, 336, 338, 343, 346 f., 356 II, NRG. § 12 III, SprengstG. § 8 u. a.

Nr. 3: StGB. §§ 1 I, 56 f. Zuständigkeit des Schwurgerichts nur bei Verbindung zusammenhängender Strafsachen: StPO. §§ 2 ff. — GVG. § 136^{1} gilt auch für Jugendliche.

Nr. 5: Nr. 1, §§ 27^{4}, 75^{6}.

Nr. 6: Nr. 1, §§ 27^{8}, 75^{9}.

Nr. 7: Nr. 1, §§ 27^{6}, 75^{10}.

§ 74. Die Strafkammern sind als erkennende Gerichte ausschließlich zuständig:

1. für die nach § 145a des Strafgesetzbuchs strafbaren Handlungen;
2. *ist aufgehoben durch § 29 Abs. 2 des Gesetzes, betr. das Flaggenrecht der Kauffahrteischiffe, vom 22. Juni 1899 (RGBl. S. 319 ff.);*
3. für Zuwiderhandlungen gegen die Bestimmungen der §§ 1, 2 und 3 des Gesetzes vom 8. Juni 1871, betreffend die Inhaberpapiere mit Prämien;
4. für die nach § 67 und § 69 des Gesetzes vom 6. Februar 1875, betreffend die Beurkundung des Personenstandes ꝛc., strafbaren Handlungen;
5. für die nach § 59 des Bankgesetzes vom 14. März 1875 strafbaren Handlungen.

„Ausschließlich", d. h. gegenüber den Schöffengerichten; durch Verbindung mit einer zusammenhängenden schwurgerichtlichen Sache

(§ 80) wird das Schwurgericht zuständig (StPO. §§ 2—5). Besetzung: § 77.

Nr. 1: Novelle vom 17. V. 98.

γ) Ueberweisungssachen.

§ 75. Die Strafkammer kann bei Eröffnung des Hauptverfahrens wegen der Vergehen:

1. des Widerstandes gegen die Staatsgewalt in den Fällen der §§ 113, 114, 117 Abs. 1 und des § 120 des Strafgesetzbuchs;
2. wider die öffentliche Ordnung im Falle des § 137 des Strafgesetzbuchs;
3. wider die Sittlichkeit in den Fällen der §§ 180 und 183 des Strafgesetzbuchs;
4. der Beleidigung in den Fällen der nur auf Antrag eintretenden Verfolgung;
5. der Körperverletzung in den Fällen des § 223 a und des § 230 Abs. 2 des Strafgesetzbuchs;

5. a) der Nötigung im Falle des § 240 des Strafgesetzbuchs;

6. des Diebstahls im Falle des § 242 des Strafgesetzbuchs;
7. der Unterschlagung im Falle des § 246 des Strafgesetzbuchs;
8. der Begünstigung;
9. der Hehlerei in den Fällen des § 258 Nr. 1 und des § 259 des Strafgesetzbuchs;
10. des Betrugs im Falle des § 263 des Strafgesetzbuchs;
11. des strafbaren Eigennutzes in den Fällen des § 286 Abs. 1 und der §§ 288 und 289 des Strafgesetzbuchs;
12. der Sachbeschädigung in den Fällen der §§ 303 und 304 des Strafgesetzbuchs;

12. a) der Bestechung im Falle des § 333 des Strafgesetzbuchs

und

13. wegen der gemeingefährlichen Vergehen in den Fällen der §§ 309, 316, 318, 318 a, des § 327 Abs. 1 und des § 328 Abs. 1 des Strafgesetzbuchs;

ferner

14. wegen derjenigen Vergehen, welche nur mit Gefängnisstrafe von höchstens sechs Monaten oder Geldstrafe von höchstens eintausendfünfhundert Mark, allein oder neben Haft oder in Verbindung miteinander oder in Verbindung mit Einziehung bedroht sind, mit Ausnahme der in den §§ 128, 271, 296a, 301, 320, 331 und 347 des Strafgesetzbuchs und der im § 74 dieses Gesetzes bezeichneten Vergehen;

14. a) wegen der Vergehen derjenigen Personen, welche zurzeit der Tat das achtzehnte Lebensjahr noch nicht vollendet hatten;

sowie

15. wegen solcher Zuwiderhandlungen gegen die Vorschriften über die Erhebung öffentlicher Abgaben und Gefälle, deren Strafe in dem mehrfachen Betrag einer hinterzogenen Abgabe oder einer anderen Leistung besteht;

auf Antrag der Staatsanwaltschaft die Verhandlung und Entscheidung dem Schöffengerichte, soweit dieses nicht schon zuständig ist, überweisen, wenn nach den Umständen des Falles anzunehmen ist, daß wegen des Vergehens auf keine andere und höhere Strafe als auf eine Gefängnisstrafe von höchstens sechs Monaten oder eine Geldstrafe von höchstens eintausendfünfhundert Mark allein oder neben Haft oder in Verbindung miteinander oder in Verbindung mit Einziehung und auf keine höhere Buße als eintausendfünfhundert Mark zu erkennen sein werde.

Beschwerde findet nicht statt.

Hat im Falle der Nr. 15 die Verwaltungsbehörde die öffentliche Klage erhoben, so steht ihr der Antrag auf Ueberweisung an das Schöffengericht in gleicher Weise wie der Staatsanwaltschaft zu.

Abs. 1 ist durch Novelle vom 5. VI. 05 geändert. — Die (sc. beschließende, mit 3 Richtern besetzte) Strafkammer (auch der Strafsenat des OLG. oder obersten LG. nach StPO. §§ 351 II, 209) kann bei Eröffnung des Hauptverfahrens (StPO. §§ 201, 205) wegen der in obigem § 75, der GewO. §§ 146, 154a II und dem KinderschutzG. (Gesetz, betr. Kinderarbeit in gewerblichen Betrieben) vom 30. III. 03 § 23 bezeichneten Vergehen auf staatsanwaltschaftlichen Antrag (vgl. StPO. § 198) Verhandlung und Entscheidung dem Schöffengericht, soweit dieses nicht schon nach § 27 zuständig ist (vgl. StPO. § 207), überweisen usw. An die in Abs. 1 a. E. bestimmten Maximalstrafen ist aber das Schöffengericht bei der Aburteilung nicht gebunden.

Nr. 4: StGB. §§ 185—187, 189, 194. Bei Privatklage ist das Schöffengericht zuständig (§ 27^{3}), bei Beleidigungen, zu deren Verfolgung es einer „Ermächtigung" bedarf (StGB. §§ 99, 101, 197), sowie in Fällen der §§ 103, 104 StGB. die Ueberweisung unzulässig.

Nr. 5: § 27^{3a}.

Nr. 6: § 27^{4}.

Nr. 7: § 27^{5}.

Nr. 8: § 27^{8}; StGB. § 257.

Nr. 9: § 27^{8}.

Nr. 10: § 27^{6}.

Nr. 11: § 27^{3d}.

Nr. 12: § 27^{7}.

Nr. 14: § 27^{2} Anm. StGB. §§ 116, 134, 136, 145, 160, 172, 184 a und b, 285, 293, 296, 300 und andere Gesetze.

Nr. 15: Nach § $27^{1, 2}$ gehören diese Zuwiderhandlungen ohnehin meistens zur schöffengerichtlichen Zuständigkeit.

Abs. 3: Nur wenn die Verwaltungsbehörde selbst Anklage erhoben, nicht auch dann, wenn sie sich der Verfolgung bloß angeschlossen hat, kann sie Ueberweisung beantragen. Die Staatsanwaltschaft dagegen ist stets — auch im ersteren Fall — zur Antragstellung befugt. StPO. §§ 464—467.

δ) Strafkammer als Berufungsgericht.

§ 76. Die Strafkammern sind als erkennende Gerichte ferner zuständig für die Verhandlung und Entscheidung über das Rechtsmittel der Berufung gegen die Urteile der Schöffengerichte.

Berufung auch gegen die vom Amtsrichter ohne Zuziehung von Schöffen erlassenen Urteile. StPO. §§ 211 II, 354.

4. Besetzung der Kammern.

§ 77. Die Kammern entscheiden in der Besetzung von drei Mitgliedern mit Einschluß des Vorsitzenden. Die Strafkammern sind in der Hauptverhandlung mit fünf Mitgliedern, in der Berufungsinstanz bei Uebertretungen und in den Fällen der Privatklage aber mit drei Mitgliedern einschließlich des Vorsitzenden zu besetzen.

Vgl. § 194, ZPO. §§ 551^{1}, 579^{1}, StPO. § 377^{1}. Von den 5 Mitgliedern dürfen nur zwei an der Entscheidung über Eröffnung des

Hauptverfahrens (StPO. § 201) teilgenommen, keiner aber die Voruntersuchung geführt oder referiert haben; der Untersuchungsrichter darf auch bei einer außerhalb der Hauptverhandlung (z. B. nach StPO. §§ 407, 492, 494) durch 3 Richter erfolgenden Entscheidung der Strafkammer nicht mitwirken (StPO. § 23 II, III). Zur Verbescheidung eines in der Hauptverhandlung vorgebrachten Ablehnungsgesuchs (StPO. § 26) genügen 3 Richter (RG. i. Str. XXI 250). Uebertretungen: StGB. § 1 III; Privatklage: StPO. §§ 414 ff.

5. Strafkammer bei Amtsgerichten.

§ 78. Durch Anordnung der Landesjustizverwaltung kann wegen großer Entfernung des Landgerichtssitzes bei einem Amtsgerichte für den Bezirk eines oder mehrerer Amtsgerichte eine Strafkammer gebildet und derselben für diesen Bezirk die gesamte Tätigkeit der Strafkammer des Landgerichts oder ein Teil dieser Tätigkeit zugewiesen werden.

Die Besetzung einer solchen Strafkammer erfolgt aus Mitgliedern des Landgerichts oder Amtsrichtern des Bezirks, für welchen die Kammer gebildet wird. Der Vorsitzende wird ständig, die Amtsrichter werden auf die Dauer des Geschäftsjahres durch die Landesjustizverwaltung berufen, die übrigen Mitglieder werden nach Maßgabe des § 62 durch das Präsidium des Landgerichts bezeichnet.

Abs. 1: Die Strafkammer des Landgerichts kann aus Zweckmäßigkeitsgründen auch die Abhaltung einzelner ihrer Sitzungen an einem andern Orte des Landgerichtsbezirks beschließen (RG. i. Str. XI 352). Vgl. § 98. — „. . . für diesen Bezirk die gesamte Tätigkeit der Strafkammer usw.": Aber nicht die in §§ 82 f., 89, 91, 98 dem Landgericht oder der Strafkammer übertragenen Entscheidungen in Schwurgerichtssachen (Mot. S. 101); denn die Schwurgerichte treten bei den Landgerichten, nicht einzelnen Strafkammern, zusammen (§ 79). „Ein Teil dieser (Strafkammer-)Tätigkeit": So ist in Preußen den auswärtigen Strafkammern nur die Tätigkeit des erkennenden Gerichts I. und II. Instanz zugewiesen. — Die detachierte Strafkammer ist zwar ein Teil des Landgerichts, hinsichtlich ihrer örtlichen Zuständigkeit (StPO. §§ 7 ff.) und im Sinne § 394 StPO. (Zurückverweisung der Sache durch Revisionsgericht) aber selbständiges, von den Strafkammern des Landgerichts verschiedenes Gericht (RG. i. Str. XVII 230).

Abs. 2: Die Landesjustizverwaltung kann im Notfalle die Vertretung eines Mitglieds auch durch einen dem Strafkammerbezirk nicht zugehörigen Amtsrichter anordnen (§ 69). „Geschäftsjahr" = Kalenderjahr. Staatsanwaltschaft bei solchen Strafkammern s. § 143 Anm.

Sechster Titel.

Schwurgerichte.

1. Periodischer Zusammentritt der Schwurgerichte.

§ 79. Für die Verhandlung und Entscheidung von Strafsachen treten bei den Landgerichten periodisch Schwurgerichte zusammen.

„Bei den Landgerichten": Nicht bei den (z. B. auswärtigen: § 78) Strafkammern. Vgl. §§ 98, 99. Jährliche Zahl, Dauer und Beginn der Sitzungsperioden bestimmt die Landesjustizverwaltung, die Termine zur Hauptverhandlung der (Schwurgerichts-)Vorsitzende (StPO. § 212, GVG. § 83 III).

2. Zuständigkeit.

§ 80. Die Schwurgerichte sind zuständig für die Verbrechen, welche nicht zur Zuständigkeit der Strafkammern oder des Reichsgerichts gehören.

Verbrechen: StGB. § 1 I.
Zuständigkeit der Strafkammer: § 73, des Reichsgerichts: § 136 [1], des Schwurgerichts für Preßdelikte: EG. § 6.

3. Besetzung.

§ 81. Die Schwurgerichte bestehen aus drei richterlichen Mitgliedern mit Einschluß des Vorsitzenden und aus zwölf zur Entscheidung der Schuldfrage berufenen Geschworenen.

§ 194, StPO. § 377 [1].
„Schuldfrage" (StPO. §§ 262 II, III, 293 ff.) einschließlich Frage nach mildernden Umständen (StPO. § 297). „Schuldfrage" ist die Frage, ob der Angeklagte einer bestimmten, gesetzlich zu charakterisierenden strafbaren Handlung überführt ist.

Entscheidungen des erkennenden Gerichts in Schwurgerichtssachen.

§ 82. Die Entscheidungen, welche nach den Vorschriften dieses Gesetzes oder der Strafprozeßordnung von dem erkennenden Gerichte zu erlassen sind, erfolgen in den bei den Schwurgerichten anhängigen Sachen durch die richterlichen Mitglieder des Schwurgerichts. Werden diese Entscheidungen außerhalb der Dauer der Sitzungsperiode erforderlich, so erfolgen sie durch die Strafkammern der Landgerichte.

§§ 56, 96, 178—180; StPO. §§ 27, 30, 32, 50, 69, 77, 222, 227 I, 230 II, 241, 243—246, 250. „Anhängig" ist eine Sache, sobald der Beschluß nach § 205 StPO. gefaßt ist. Bei Entscheidungen über Beweisanträge insbesondere sind also die Geschworenen nicht zu befragen; diese können aber Wiederaufnahme der Beweisverhandlung anregen (RG. i. Str. XXXV 389). Bei Zurückverweisung durch das Revisionsgericht (Reichsgericht) unter Aufrechterhaltung des Geschworenenspruchs werden Geschworene nicht mehr zugezogen (RG. i. Str. XXI 388). „Außerhalb" der Sitzungsperiode: vorher oder nachher (vgl. z. B. StPO. §§ 222, 407, 494). Vgl. § 78 I Anm.

Ernennung des Vorsitzenden, Stellvertreters und der richterlichen Mitglieder.

§ 83. Der Vorsitzende des Schwurgerichts wird für jede Sitzungsperiode von dem Präsidenten des Oberlandesgerichts ernannt. Die Ernennung erfolgt aus der Zahl der Mitglieder des Oberlandesgerichts oder der zu dem Bezirke des Oberlandesgerichts gehörigen Landgerichte.

Der Stellvertreter des Vorsitzenden und die übrigen richterlichen Mitglieder werden von dem Präsidenten des Landgerichts aus der Zahl der Mitglieder des Landgerichts bestimmt.

Solange die Ernennung des Vorsitzenden nicht erfolgt ist, erledigt der Vorsitzende der Strafkammer des Landgerichts die in der Strafprozeßordnung dem Vorsitzenden des Gerichts zugewiesenen Geschäfte.

Abs. 1, 2: „Mitglieder" des Landgerichts: auch Direktoren und Hilfsrichter.

Abs. 3: StPO. §§ 124 III, 144, 199, 212, 218—220.

4. Geschworenenamt. Befähigung.

§ 84. Das Amt eines Geschworenen ist ein Ehrenamt. Dasselbe kann nur von einem Deutschen versehen werden.

Vgl. §§ 31 und Anm., 35, 55 f., 85, 96 (Verpflichtung zur Annahme, Reisekostenvergütung).

a) Urliste.

§ 85. Die Urliste für die Auswahl der Schöffen dient zugleich als Urliste für die Auswahl der Geschworenen.

Die Vorschriften der §§ 32—35 über die Berufung zum Schöffenamte finden auch auf das Geschworenenamt Anwendung.

Abs. 1: §§ 36—41.

Abs. 2: „Geschworenenamt": Haupt- und Hilfsgeschworene.

Bestimmung der Zahl der Geschworenen durch die Landesjustizverwaltung.

§ 86. Die Zahl der für jedes Schwurgericht erforderlichen Geschworenen und die Verteilung dieser Zahl auf die einzelnen Amtsgerichtsbezirke wird durch die Landesjustizverwaltung bestimmt.

Die „erforderlichen Geschworenen" = in die Jahresliste (§ 90) aufzunehmenden. §§ 87, 89 II.

b) Vorschlagsliste.

§ 87. Der alljährlich bei dem Amtsgerichte für die Wahl der Schöffen zusammentretende Ausschuß (§ 40) hat gleichzeitig diejenigen Personen aus der Urliste auszuwählen, welche er zu Geschworenen für das nächste Geschäftsjahr vorschlägt. Die Vorschläge sind nach dem dreifachen Betrage der auf den Amtsgerichtsbezirk verteilten Zahl der Geschworenen zu bemessen.

Vgl. § 42.

§ 88. Die Namen der zu Geschworenen vorgeschlagenen Personen werden in ein Verzeichnis aufgenommen (Vorschlagsliste).

c) Jahresliste.

§ 89. Die Vorschlagsliste wird nebst den Einsprachen, welche sich auf die in dieselbe aufgenommenen Personen beziehen, dem Präsidenten des Landgerichts übersendet.

Der Präsident bestimmt eine Sitzung des Landgerichts, an welcher fünf Mitglieder mit Einschluß des Präsidenten und der Direktoren teilnehmen. Das Landgericht entscheidet endgültig über die Einsprachen und wählt sodann aus der Vorschlagsliste die für das Schwurgericht bestimmte Zahl von Hauptgeschworenen und Hilfsgeschworenen.

Als Hilfsgeschworene sind solche Personen zu wählen, welche an dem Sitzungsorte des Schwurgerichts oder in dessen nächster Umgebung wohnen.

Abs. 1: „Die . . . aufgenommenen Personen": Die nicht aufgenommenen sind endgültig ausgeschlossen. Vgl. § 99 II.

Abs. 2: Die Sitzung ist nicht öffentlich. Zuziehung eines Gerichtsschreibers nicht notwendig, auch die Staatsanwaltschaft wirkt nicht mit (anders § 91). Etwaige bisher unberücksichtigt gebliebene Unfähigkeitsgründe, Berufungshindernisse oder erfolgte oder in Aussicht stehende Ablehnungen der Berufung (§§ 84 f., 32—35) sind von Amts wegen in Betracht zu ziehen. „Die für das Schwurgericht bestimmte (§ 86) Zahl usw." ist aus der Gesamtzahl der in der hiernach berichtigten Vorschlagsliste für den ganzen Schwurgerichtsbezirk enthaltenen Personen zu wählen, ohne Rücksicht darauf, welchem Amtsgerichtsbezirk sie angehören.

Abs. 3: Hilfsgeschworene sind zuzuziehen, wenn die Zahl der in der Hauptverhandlung erschienenen und nicht ausgeschiedenen Hauptgeschworenen weniger als 24 beträgt (StPO. § 280). Besondere Liste von Hilfsgeschworenen für Sitzungen außerhalb des Landgerichtssitzes: § 98 II.

§ 90. Die Namen der Haupt- und Hilfsgeschworenen werden in gesonderte Jahreslisten aufgenommen.

d) **Spruchliste.**

§ 91. Spätestens zwei Wochen vor Beginn der Sitzungen des Schwurgerichts werden in öffentlicher Sitzung des Landgerichts, an welcher der Präsident und zwei Mitglieder teilnehmen, in Gegenwart der Staatsanwaltschaft dreißig Hauptgeschworene ausgelost. Das Los wird von dem Präsidenten gezogen.

Auf Geschworene, welche in einer früheren Sitzungsperiode desselben Geschäftsjahres ihre Verpflichtung erfüllt haben, erstreckt die Auslosung sich nur dann, wenn dies von ihnen beantragt wird.

Ueber die Auslosung wird von dem Gerichtsschreiber ein Protokoll aufgenommen.

Abs. 1: „Beginn der Sitzungen usw.": § 79 Anm.
„Gegenwart der Staatsanwaltschaft": Anders §§ 45, 89 II.
Abs. 2: Vgl. §§ 35², 85 II. „Geschäftsjahr" = Kalenderjahr.

Uebersendung der Spruchliste an Schwurgerichtsvorsitzenden.

§ 92. Das Landgericht übersendet das Verzeichnis der ausgelosten Hauptgeschworenen (Spruchliste) dem ernannten Vorsitzenden des Schwurgerichts.

S. auch StPO. § 277.

Ladung der Geschworenen.

§ 93. Die in der Spruchliste verzeichneten Geschworenen werden auf Anordnung des für das Schwurgericht ernannten Vorsitzenden zur Eröffnungssitzung des Schwurgerichts unter Hinweis auf die gesetzlichen Folgen des Ausbleibens geladen.

Zwischen der Zustellung der Ladung und der Eröffnungssitzung soll tunlichst die Frist von einer Woche, jedoch mindestens von drei Tagen liegen.

Abs. 1: §§ 56, 96; StPO. §§ 213 (Ladung erfolgt durch Staatsanwaltschaft), 278 ff. (Bildung der Geschworenenbank ist Teil der Hauptverhandlung).

Entscheidung über Ablehnungs- und Hinderungsgründe. Ersatz für weggefallene Geschworene.

§ 94. Ueber die von Geschworenen geltend gemachten Ablehnungs- und Hinderungsgründe erfolgt die Entscheidung nach Anhörung der Staatsanwaltschaft durch die richterlichen Mitglieder und, solange das Schwurgericht nicht zusammengetreten ist, durch den ernannten Vorsitzenden des Schwurgerichts. Beschwerde findet nicht statt.

An Stelle der wegfallenden Geschworenen hat der Vorsitzende, wenn es noch geschehen kann, aus der Jahresliste durch Auslosung andere Geschworene auf die Spruchliste zu bringen und deren Ladung anzuordnen. Ueber die Auslosung wird von dem Gerichtsschreiber ein Protokoll aufgenommen.

Abs. 1: „Ablehnungs- und Hinderungsgründe": §§ 84 f., 32—35, 91 II, 97; vgl. § 54; StPO. §§ 22, 32, 317 III. Die Geltendmachung von Ablehnungsgründen ist an keine Frist gebunden; § 53 findet auf Geschworene keine Anwendung (vgl. § 96). Geltendmachung unwahrer Tatsachen als Entschuldigung: StGB. § 138. — Beschwerde (der Staatsanwaltschaft oder der Geschworenen) ist zwar nicht statthaft; aber das Urteil kann wegen Mitwirkung eines für fähig erachteten, in Wirklichkeit unfähigen Geschworenen (§§ 84 f., 32, StPO. §§ 32, 317 III) angefochten werden (StPO. § 377 [1]). Abs. 2: „Wenn es noch (sc. vor Zusammentritt des Schwurgerichts) geschehen kann", Ladung (§ 93) und rechtzeitiges Erscheinen des Ausgelosten noch zu ermöglichen ist. Diese Auslosung, für die § 91 nicht maßgebend ist, kann in öffentlicher oder nicht öffentlicher Sitzung, mit oder ohne Beisitzer und Staatsanwaltschaft geschehen (RG. i. Str. II 312, V 21). Sie findet jedoch nur bis zum Beginne der Sitzungen statt; nach Zusammentritt des Schwurgerichts sind Hilfsgeschworene zuzuziehen (StPO. § 280).

Dauer der Amtstätigkeit.

§ 95. Erstreckt sich eine Sitzungsperiode des Schwurgerichts über den Endtermin des Geschäftsjahres hinaus, so bleiben die Geschworenen, welche zu derselben einberufen sind, bis zum Schlusse der Sitzungen zur Mitwirkung verpflichtet.

„Geschäftsjahr" = Kalenderjahr.

Reisekostenvergütung und Bestrafung.

§ 96. Die Bestimmungen der §§ 55, 56 finden auch auf Geschworene Anwendung.

Die im § 56 bezeichneten Entscheidungen werden in bezug auf Geschworene von den richterlichen Mitgliedern des Schwurgerichts erlassen.

Abs. 2: **Nach Beendigung** der Sitzungsperiode von der Strafkammer (§ 82).

Gegenseitiger Ausschluß des Geschworenen- und Schöffenamts.

§ 97. Niemand soll für dasselbe Geschäftsjahr als Geschworener und als Schöffe bestimmt werden.

Ist dies dennoch geschehen, oder ist jemand für dasselbe Geschäftsjahr in mehreren Bezirken zu diesen Aemtern bestimmt worden, so hat der Einberufene dasjenige Amt zu übernehmen, zu welchem er zuerst einberufen wird.

Abs. 2: Einberufung als Schöffe: § 46, als Geschworener: § 93

5. Abhaltung von Sitzungen außerhalb des Landgerichts-Sitzes.

§ 98. Die Strafkammer des Landgerichts kann bestimmen, daß einzelne Sitzungen des Schwurgerichts nicht am Sitze des Landgerichts, sondern an einem anderen Orte innerhalb des Schwurgerichtsbezirks abzuhalten seien.

In diesem Falle wird für diese Sitzungen von dem Landgerichte eine besondere Liste von Hilfsgeschworenen gebildet.

Abs. 1: Auch sonst kann die Hauptverhandlung (insbesondere die Beweisaufnahme) ganz oder teilweise außerhalb der ordentlichen Gerichtsstelle stattfinden.

Abs. 2: § 89.

6. Zusammenlegung von Landgerichts-Bezirken zu einem Schwurgerichts-Bezirk.

§ 99. Die Landesjustizverwaltung kann bestimmen, daß die Bezirke mehrerer Landgerichte zu einem Schwurgerichtsbezirke zusammengelegt und die Sitzungen des Schwurgerichts bei einem der Landgerichte abgehalten werden.

In diesem Falle hat das Landgericht, bei welchem die Sitzungen des Schwurgerichts abgehalten werden, und der Präsident desselben die ihnen in den §§ 82—98 zugewiesenen Geschäfte für den Umfang des Schwurgerichtsbezirks wahrzunehmen.

Die Mitglieder des Schwurgerichts mit Einschluß des Stellvertreters des Vorsitzenden können aus der Zahl der Mitglieder der im Bezirke des Schwurgerichts belegenen Landgerichte bestimmt werden.

Siebenter Titel.

Kammern für Handelssachen.

1. Fakultative Bildung und Sitz.

§ 100. Soweit die Landesjustizverwaltung ein Bedürfnis als vorhanden annimmt, können bei den Landgerichten für deren Bezirke oder für örtlich abgegrenzte Teile derselben Kammern für Handelssachen gebildet werden.

Solche Kammern können ihren Sitz innerhalb des Landgerichtsbezirks auch an Orten haben, an welchen das Landgericht seinen Sitz nicht hat.

Abs. 2: Die auswärtigen Kammern für Handelssachen sind wie die detachierte Strafkammer (§ 78) selbständige Gerichte: Wird statt ihrer die Kammer für Handelssachen am Sitze des Landgerichts angerufen, so kann die Einrede der Unzuständigkeit erhoben werden (ZPO. § 274). — Ein Amtsrichter kann Vorsitzender sein: § 110.

2. Zuständigkeit.

§ 100 a. Ist bei einem Landgericht eine Kammer für Handelssachen gebildet, so tritt für Handelssachen diese Kammer an die Stelle der Zivilkammern nach Maßgabe der folgenden Vorschriften.

Novelle vom 1. VI. 09.

Die Kammer für Handelssachen tritt für „Handelssachen" (§ 101) an Stelle der Zivilkammer als I. oder II. Instanz (§§ 70 f.).

S. ferner ScheckG. vom 11. III. 08 § 28 I, WechselstempelG. vom 21. VII. 09 § 17. — Beschwerden in Handelssachen der freiwilligen Gerichtsbarkeit: FGG. §§ 30, 143 f., 147.

„Handelssachen."

§ 101. Handelssachen im Sinne dieses Gesetzes sind diejenigen bürgerlichen Rechtsstreitigkeiten, in welchen durch die Klage ein Anspruch geltend gemacht wird:

1. gegen einen Kaufmann im Sinne des Handelsgesetzbuchs aus Geschäften, welche für beide Teile Handelsgeschäfte sind;
2. aus einem Wechsel im Sinne der Wechselordnung oder aus einer der im § 363 des Handelsgesetzbuchs bezeichneten Urkunden;
3. aus einem der nachstehend bezeichneten Rechtsverhältnisse:
   a) aus dem Rechtsverhältnisse zwischen den Mitgliedern einer Handelsgesellschaft oder zwischen dieser und ihren Mitgliedern oder zwischen dem stillen Gesellschafter und dem Inhaber des Handelsgeschäfts, sowohl während des Bestehens als auch nach Auflösung des Gesellschaftsverhältnisses, ingleichen aus dem Rechtsverhältnisse zwischen den Vorstehern oder den Liquidatoren einer Handelsgesellschaft und der Gesellschaft oder deren Mitgliedern;
   b) aus dem Rechtsverhältnisse, welches das Recht zum Gebrauche der Handelsfirma betrifft;
   c) aus den Rechtsverhältnissen, welche sich auf den Schutz der Warenbezeichnungen, Muster und Modelle beziehen;
   d) aus dem Rechtsverhältnisse, welches durch den Erwerb eines bestehenden Handelsgeschäfts unter Lebenden zwischen dem bisherigen Inhaber und dem Erwerber entsteht;
   e) aus dem Rechtsverhältnisse zwischen einem Dritten und demjenigen, welcher wegen mangelnden Nachweises der Prokura oder Handlungsvollmacht haftet;
   f) aus den Rechtsverhältnissen des Seerechts oder des Rechts der Binnenschiffahrt, insbesondere aus

denjenigen, welche sich auf die Rhederei, auf die Rechte und Pflichten des Rheders oder Schiffseigners, des Korrespondentrheders und der Schiffsbesatzung, auf die Bodmerei und die Haverei, auf den Schadensersatz im Falle des Zusammenstoßes von Schiffen, auf die Bergung und Hilfeleistung und auf die Ansprüche der Schiffsgläubiger beziehen.

4. auf Grund des Gesetzes zur Bekämpfung des unlauteren Wettbewerbes vom 27. Mai 1896 (Reichs-Gesetzbl. S. 145);
5. aus den §§ 45 bis 48 des Börsengesetzes (Reichs-Gesetzbl. 1908 S. 215);
6. aus dem Reichsstempelgesetze (Reichs-Gesetzbl. 1906 S. 695) in Beziehung auf die Verpflichtung zur Entrichtung der in diesem Gesetze festgestellten Abgaben.

§ 101 ist abgeändert und ergänzt durch Novelle vom 17. V. 98 und 1. VI. 09.

Nr. 1: Der Beklagte muß zur Zeit der Erhebung der Klage (oder Widerklage) noch „Kaufmann" im Sinne HGB. §§ 1—7 sein. Ist einer von mehreren Beklagten nicht oder nicht mehr Kaufmann, so ist (ebenso wie bei objektiver Klagenhäufung, wenn einer der mehreren Ansprüche nicht unter § 101 fällt) die Zivilkammer zuständig (vgl. aber §§ 103, 105). Ferner müssen beide Vertragschließende, nicht notwendig beide Prozeßparteien (die z. B. Rechtsnachfolger der Kontrahenten sind), Kaufleute sein (vgl. HGB. § 343).

Nr. 2: WO. Art. 4, 96. HGB. § 363: Kaufmännische Anweisungen und Verpflichtungsscheine, Konnossemente, Lade-, Lagerscheine, Bodmereibriefe, Transportversicherungspolicen. Auf die Kaufmannseigenschaft der Parteien oder darauf, ob im Urkunden-(Wechsel-) oder ordentlichen Prozeß geklagt wird, kommt nichts an.

Nr. 3a: „Handelsgesellschaften" sind: offene Handelsgesellschaften, Kommanditgesellschaften, Aktiengesellschaften, Kommanditgesellschaften auf Aktien (HGB. §§ 105 ff., 161 ff., 178 ff., 320 ff.) und Gesellschaften mit beschränkter Haftung (GmbHG. § 13 III), nicht: eingetragene Genossenschaft, die nur Kaufmannseigenschaft hat (GenG. § 17 II). „Stille Gesellschafter": HGB. §§ 335—342. „Vorsteher", „Liquidatoren usw.": HGB. §§ 231 ff.; 145 ff., 294 ff., 331.

Nr. 3b: HGB. §§ 17 ff.

Nr. 3c: GG. vom 12. V. 94, 11. I. 76, 1. VI. 91, 18. III. 04 (Ausstellungen).

Nr. 3d: HGB. §§ 22, 25.

Nr. 3e: HGB. §§ 48 ff., BGB. § 179. Der Dritte braucht nicht Kaufmann zu sein.
Nr. 3f: HGB. §§ 474 ff., SeemO. vom 2. VI. 02, StrandO. vom 17. V. 74 §§ 39, 44, BinnenSchG. vom $\frac{15. VI. 95}{20. V. 98}$.
Nr. 4: Jetzt UnlWG. vom 7. VI. 09 (RGBl. S. 499) [§ 27 das.].
Nr. 6: Neufassung vom 22. VII. 09 (RGBl. S. 833) § 94. — Vgl. außerdem § 100 a Anm.

Antrag als Voraussetzung für Verhandlung vor Kammer für Handelssachen.

§ 102. Die Verhandlung des Rechtsstreits erfolgt vor der Kammer für Handelssachen, wenn der Kläger dies in der Klageschrift beantragt hat.

In den Fällen der §§ 505, 506 der Zivilprozeßordnung hat der Kläger den Antrag auf Verhandlung vor der Kammer für Handelssachen in der mündlichen Verhandlung vor dem Amtsgerichte zu stellen.

Abs. 2: Sonst erfolgt Verweisung an die Zivilkammer.

Verweisung von der Kammer für Handelssachen an Zivilkammer.

§ 103. Wird vor der Kammer für Handelssachen eine vor dieselbe nicht gehörige Klage zur Verhandlung gebracht, so ist der Rechtsstreit auf Antrag des Beklagten an die Zivilkammer zu verweisen.

Gehört die Klage oder die im Falle des § 506 der Zivilprozeßordnung erhobene Widerklage als Klage nicht vor die Kammer für Handelssachen, so ist diese auch von Amts wegen befugt, den Rechtsstreit an die Zivilkammer zu verweisen, solange nicht eine Verhandlung zur Hauptsache erfolgt und auf dieselbe ein Beschluß verkündet ist. Die Verweisung von Amts wegen kann nicht aus dem Grunde erfolgen, daß der Beklagte nicht Kaufmann ist.

Nach §§ 103—105 ist die Kammer für Handelssachen, wenn Klage und Widerklage vor sie gehören (§§ 100 a, 101), wenn aber nur die eine vor sie gehört, die Zivilkammer zuständig. Kammer für Handelssachen und Zivilkammer müssen auf Antrag, erstere kann auch von Amts wegen ihre Unzuständigkeit aussprechen. — Gebühren des Gerichts werden nicht erhoben (GKG. § 47 [3]), des Anwalts: $^{3}/_{10}$, die durch die Hauptgebühren mitabgegolten werden (RAGO. §§ 23 [1], 29 [6]).

Abs. 2: „Verhandlung zur Hauptsache" (ebenso ZPO. §§ 271 I, 274, 504, 528 II, 594): Nicht über prozeßhindernde Einreden (ZPO. § 274); vgl. § 106 (Verhandlung „zur Sache").

Verweisung von der Zivilkammer an Kammer für Handelssachen.

§ 104. Wird vor der Zivilkammer eine vor die Kammer für Handelssachen gehörige Klage zur Verhandlung gebracht, so ist der Rechtsstreit auf Antrag des Beklagten an die Kammer für Handelssachen zu verweisen. Ein Beklagter, welcher nicht in das Handelsregister eingetragen ist, kann den Antrag nicht darauf stützen, daß er Kaufmann ist.

Der Antrag ist zurückzuweisen, wenn die im Falle des § 506 der Zivilprozeßordnung erhobene Widerklage als Klage vor die Kammer für Handelssachen nicht gehören würde.

Zu einer Verweisung von Amts wegen ist die Zivilkammer nicht befugt.

Die Zivilkammer ist zur Verwerfung des Antrags auch dann befugt, wenn der Kläger demselben zugestimmt hat.

Vgl. § 103 Anm.

Verweisung an Zivilkammer bei Klagerweiterung oder Widerklage.

§ 105. Wird in einem bei der Kammer für Handelssachen anhängigen Rechtsstreite die Klage in Gemäßheit des § 280 der Zivilprozeßordnung durch den Antrag auf Feststellung eines Rechtsverhältnisses erweitert oder eine Widerklage erhoben und gehört die erweiterte Klage oder die Widerklage als Klage nicht vor die Kammer für Handelssachen, so ist der Rechtsstreit auf Antrag des Gegners an die Zivilkammer zu verweisen.

Unter der Beschränkung des § 103 Abs. 2 ist die Kammer zu der Verweisung auch von Amts wegen befugt. Diese Befugnis tritt auch dann ein, wenn durch eine Klagänderung ein Anspruch geltend gemacht wird, welcher nicht vor die Kammer für Handelssachen gehört.

Vgl. § 103 Anm.

Abs. 2: Klagänderung: ZPO. §§ 264, 268 f.

Antrag und Verweisung in der Berufungsinstanz.

§ 105a. Die §§ 102 bis 105 finden auf das Verfahren in der Berufungsinstanz vor den Kammern für Handelssachen entsprechende Anwendung.

Novelle vom 1. VI. 09. — §§ 102 (Verhandlung vor der Kammer für Handelssachen, wenn in der Berufungsschrift beantragt), 103 bis 105 (nicht Verwerfung der Berufung als unzulässig, wenn die Sache nicht vor die Kammer für Handelssachen oder Zivilkammer gehört, sondern Verweisung an die richtige Kammer). Auch die §§ 106 f. finden im Berufungsverfahren Anwendung.

Stellung und Bescheidung des Verweisungsantrags.

§ 106. Der Antrag auf Verweisung des Rechtsstreits an eine andere Kammer ist nur vor der Verhandlung des Antragstellers zur Sache zulässig.

Ueber den Antrag ist vorab zu verhandeln und zu entscheiden.

Abs. 1: „Vor (sc. dem Beginn: ZPO. § 137 I) der Verhandlung . . . zur Sache", z. B. über prozeßhindernde Einreden, nicht zur Hauptsache, wie in § 103 II.

Abs. 2: ZPO. §§ 146, 303 (Zwischenurteil), 551⁴ (unanwendbar auf das Verhältnis zwischen Zivilkammer und Kammer für Handelssachen, außer wenn diese auswärts oder für einen örtlich abgegrenzten Teil des Landgerichtsbezirks gebildet ist (§ 100).

Unanfechtbarkeit der Entscheidung.

§ 107. Gegen die Entscheidung über Verweisung eines Rechtsstreits an die Zivilkammer oder an die Kammer für Handelssachen findet kein Rechtsmittel statt. Erfolgt die Verweisung an eine andere Kammer, so ist diese Entscheidung für die Kammer, an welche der Rechtsstreit verwiesen wird, bindend. Der Termin zur weiteren mündlichen Verhandlung wird von Amts wegen bestimmt und den Parteien bekannt gemacht.

Auch die Ablehnung des Verweisungsantrags ist nicht anfechtbar. Die Verweisung an eine andere Kammer ist zwar für diese bindend; durch Erweiterung der Klage (ZPO. § 268), Erhebung einer Präjudizialinzidentklage oder Widerklage (ZPO. §§ 33, 280) kann aber Zurückverweisung seitens der Kammer für Handelssachen an die Zivilkammer nötig werden. Terminsbestimmung und Bekanntmachung von Amts wegen: Ausnahme von § 216 ZPO. Vgl. auch EGzZPO § 7 III.

Hauptintervention.

§ 108. Bei der Kammer für Handelssachen kann ein Anspruch in Gemäßheit des § 64 der Zivilprozeßordnung nur dann geltend gemacht werden, wenn der Rechtsstreit nach den Bestimmungen der §§ 100a, 101 vor die Kammer für Handelssachen gehört.

Redaktionell geändert durch Novelle vom 1. VI. 09. — Eine Hauptintervention bis zur rechtskräftigen Entscheidung des Rechtsstreits kann vor der Kammer für Handelssachen nur geltend gemacht werden, wenn der Hauptprozeß eine Handelssache im Sinne § 101 zum Gegenstand hat.

Verweisung in der Beschwerdeinstanz.

§ 108a. Wird die Kammer für Handelssachen als Beschwerdegericht mit einer vor diese nicht gehörigen Beschwerde befaßt, so ist die Beschwerde von Amts wegen an die Zivilkammer zu verweisen. Ebenso hat die Zivilkammer, wenn sie als Beschwerdegericht in einer Handelssache mit einer Beschwerde befaßt wird, diese von Amts wegen an die Kammer für Handelssachen zu verweisen. Die Vorschriften des § 107 Satz 1, 2 finden entsprechende Anwendung.

Eine Verweisung der Beschwerde an eine andere Kammer findet nicht statt, wenn bei der Kammer, welche mit der Beschwerde befaßt wird, die Hauptsache anhängig ist, oder diese Kammer bereits eine Entscheidung in der Hauptsache erlassen hat.

Novelle vom 1. VI. 09. — **Abs. 1:** Im Gegensatz zu §§ 103—105a muß hier (abgesehen von Abs. 2) die Verweisung an die zuständige Kammer von Amts wegen erfolgen, mag die Beschwerde bei der Kammer eingelegt oder vom Amtsgericht vorgelegt sein (ZPO. § 569). Der Verweisungsbeschluß ist für die andere Kammer bindend (§ 107 Satz 2).

Abs. 2 betrifft den Fall, daß eine Handelssache bei der Zivilkammer oder eine Nichthandelssache bei der Kammer für Handelssachen in I. oder II. Instanz anhängig oder in der Hauptsache entschieden ist und nun eine Beschwerde in der Sache eingeht: die betr. Kammer entscheidet dann auch über die Beschwerde.

3. Besetzung.

§ 109. Die Kammern für Handelssachen entscheiden in der Besetzung mit einem Mitgliede des Landgerichts als Vorsitzenden und zwei Handelsrichtern.

Sämtliche Mitglieder der Kammer für Handelssachen haben gleiches Stimmrecht.

In Streitigkeiten, welche sich auf das Rechtsverhältnis zwischen Rheder oder Schiffer und Schiffsmannschaft beziehen, kann die Entscheidung in erster Instanz durch den Vorsitzenden allein erfolgen.

Abs. 1: § 194; vgl. ZPO. §§ 551 [1], 579 [1].
Abs. 2: § 199 I.
Abs. 3 (durch Novelle vom 1. VI. 09 redaktionell geändert): HGB. §§ 493, 520, SeemO. vom 2. VI. 02 §§ 2, 12, 27 ff. Die Zuziehung der Handelsrichter steht im Ermessen des Vorsitzenden. Auch ohne sie erfolgt die Verhandlung nach §§ 253 ff., nicht §§ 495 ff. ZPO. (Verfahren vor dem Amtsgericht).

Vorsitz bei auswärtiger Kammer für Handelssachen.

§ 110. Im Falle des § 100 Abs. 2 kann ein Amtsrichter Vorsitzender der Kammer für Handelssachen sein.

4. Amt der Handelsrichter.

§ 111. Das Amt der Handelsrichter ist ein Ehrenamt.

Das Amt ist unentgeltlich; auch Reisekosten werden nicht vergütet (anders §§ 55, 96 I).

a) Ernennung.

§ 112. Die Handelsrichter werden auf gutachtlichen Vorschlag des zur Vertretung des Handelsstandes berufenen Organs für die Dauer von drei Jahren ernannt; eine wiederholte Ernennung ist nicht ausgeschlossen.

Reichsgesetzlich besteht kein Zwang zur Annahme des Amts.

b) Befähigung.

§ 113. Zum Handelsrichter kann jeder Deutsche ernannt werden, welcher das dreißigste Lebensjahr vollendet hat und als Kaufmann, als Vorstand einer Aktiengesellschaft, als Geschäftsführer einer Gesellschaft mit beschränkter Haftung oder als Vorstand einer sonstigen juristischen Person in das Handelsregister eingetragen ist oder eingetragen war.

Zum Handelsrichter soll nur ernannt werden, wer in dem Bezirke der Kammer für Handelssachen wohnt oder, wenn er als Kaufmann in das Handelsregister eingetragen ist, dort eine Handelsniederlassung hat; bei Personen, die als Vorstand einer Aktiengesellschaft, als Geschäftsführer einer Gesellschaft mit beschränkter Haftung oder als Vorstand einer sonstigen juristischen Person in das Handelsregister eingetragen sind, genügt es, wenn die Gesellschaft oder juristische Person eine Niederlassung in dem Bezirke hat.

Personen, welche infolge gerichtlicher Anordnung in der Verfügung über ihr Vermögen beschränkt sind, können nicht zu Handelsrichtern ernannt werden.

Vgl. § 117.
Abs. 1 und 2: Novelle vom 20. III. 05.
Abs. 3: § 32[3].

Handelsrichter an Seeplätzen.

§ 114. An Seeplätzen können Handelsrichter auch aus dem Kreise der Schiffahrtskundigen ernannt werden.

SeemO. vom 2. VI. 02 § 2.

c) Eidliche Verpflichtung.

§ 115. Die Handelsrichter sind vor ihrem Amtsantritte auf die Erfüllung der Obliegenheiten des ihnen übertragenen Amts eidlich zu verpflichten.

d) Rechte und Pflichten.

§ 116. Die Handelsrichter haben während der Dauer ihres Amts in Beziehung auf dasselbe alle Rechte und Pflichten richterlicher Beamten.

Im amtlichen und außeramtlichen Verhalten unterliegen sie den für richterliche Beamte gegebenen Disziplinarvorschriften. Vgl. §§ 11, 30 I, 200, ZPO. §§ 41 ff. (Ausschließung, Ablehnung).

e) Amtsenthebung.

§ 117. Ein Handelsrichter ist seines Amts zu entheben, wenn er eine der für die Ernennung erforderlichen Eigenschaften nachträglich verliert.

Die Enthebung erfolgt durch den ersten Zivilsenat des Oberlandesgerichts nach Anhörung des Beteiligten.

Abs. 1: „Für die Ernennung erforderliche Eigenschaften": §§ 113 f. Amtsenthebung ist auch zulässig, wenn der Handelsrichter die ihm auferlegten Richterpflichten (§ 116) verletzt. Vgl. § 8.

Abs. 2: Die Enthebung ist durch kein Rechtsmittel anfechtbar.

5. Entscheidung der Kammer für Handelssachen auf Grund eigener Sachkunde.

§ 118. Ueber Gegenstände, zu deren Beurteilung eine kaufmännische Begutachtung genügt, sowie über das Bestehen von Handelsgebräuchen kann die Kammer für Handelssachen auf Grund eigener Sachkunde und Wissenschaft entscheiden.

„Handelsgebräuche“ (Handelssitten, Usancen): gewohnheitsrechtliche oder tatsächliche. Eine solche „Entscheidung“ bindet aber den Berufungsrichter nicht; dieser ist berechtigt, sie auf ihre Richtigkeit (das Bestehen oder Nichtbestehen des Handelsgebrauchs) nachzuprüfen (RG. i. Z. X 92, XLIV 34).

Achter Titel.

Oberlandesgerichte.

1. Besetzung.

§ 119. Die Oberlandesgerichte werden mit einem Präsidenten und der erforderlichen Anzahl von Senatspräsidenten und Räten besetzt.

2. Geschäftsverteilung.

§ 120. Bei den Oberlandesgerichten werden Zivil- und Strafsenate gebildet.

Die Zahl der Senate bestimmt die Landesjustizverwaltung.

Vorsitz und Geschäftsverteilung in den Senaten.

§ 121. Die Bestimmungen der §§ 61—68 finden mit der Maßgabe Anwendung, daß zu dem Präsidium stets die beiden ältesten Mitglieder des Gerichts zuzuziehen sind.

Hilfsrichter.

§ 122. Zu Hilfsrichtern dürfen nur ständig angestellte Richter berufen werden.

Vgl. §§ 10, 69, 134.

3. Zuständigkeit.

§ 123. Die Oberlandesgerichte sind zuständig für die Verhandlung und Entscheidung über die Rechtsmittel:

1. der Berufung gegen die Endurteile der Landgerichte in bürgerlichen Rechtsstreitigkeiten;

2. der Revision gegen Urteile der Strafkammern in der Berufungsinstanz;
3. der Revision gegen Urteile der Strafkammern in erster Instanz, sofern die Revision ausschließlich auf die Verletzung einer in den Landesgesetzen enthaltenen Rechtsnorm gestützt wird;
4. der Beschwerde gegen Entscheidungen der Landgerichte in bürgerlichen Rechtsstreitigkeiten;
5. der Beschwerde gegen strafrichterliche Entscheidungen erster Instanz, soweit nicht die Zuständigkeit der Strafkammer begründet ist, und gegen Entscheidungen der Strafkammern in der Beschwerdeinstanz und Berufungsinstanz.

Weitere Zuständigkeit der OLG.: §§ 117 II (Enthebung eines Handelsrichters), 160 (Rechtshilfe), 183 III (Sitzungspolizei-Ordnungsstrafe); ZPO. §§ 36 (Bestimmung des zuständigen Gerichts), 45 (Ablehnung); KO. §§ 72 f., ZVG. §§ 95 ff. (weitere Beschwerde); RGZuständG. vom 22. V. 10 Art. V (s. Vorbemerkung S. V): StPO. §§ 4 (Trennung oder Verbindung von Strafsachen), 12—15, 19 (Bestimmung des zuständigen Gerichts), 27 (Ablehnung), 170 (Antrag auf gerichtliche Entscheidung wegen Nichterhebung der öffentlichen Klage); EGzMStGO. vom 1. XII. 98 § 12 (Beschwerde wegen Ablehnung von Rechtshilfeersuchen der Militärgerichte seitens des Amtsgerichts). RAO. §§ 9 f., 12, 47, 59, 61, 69, 89. Angelegenheiten der freiwilligen Gerichtsbarkeit: FGG. §§ 5, 27 f., 30, 46, 64, 143, 194, GBO. §§ 79, 81; jedoch kann nach § 199 FGG. und § 102 GBO. die Entscheidung über die weitere Beschwerde durch Landesgesetz einem der mehreren OLG. oder dem obersten LG. zugewiesen werden (EG. § 8), wie dies in Preußen bezüglich des Kammergerichts Berlin, in Bayern bezüglich des obersten LG. geschehen ist.

Nr. 1: Landgericht I. Instanz (ZPO. § 511).

Nr. 2: § 136 II (Zuständigkeit des Reichsgerichts), EG. § 9; StPO. §§ 354, 374, 380. Revision gegen Urteil der Strafkammer, die in verbundenen Sachen (StPO. § 236) teils in I., teils als Berufungsinstanz auf Gesamtstrafe erkannt hat, geht an das Reichsgericht (§ 136², RG. i. Str. XXXI 125).

Nr. 3: EG. § 9. Ist die Revision auf Verletzung eines (dem Straf-, Privat- oder Staatsrecht usw. angehörenden) Landes- und eines (auch nur prozessualen) Reichsgesetzes gestützt (StPO. § 384), so ist das Reichsgericht zuständig (§ 136², RG. i. Str. XXXIII 110).

Nr. 4: ZPO. §§ 567 f., GKG. §§ 4, 16, 47, 68, ZGebO. § 17, GVGebO. § 22, RAGO. §§ 12, 53.

Nr. 5: §§ 56, 96; 72 (Zuständigkeit der Strafkammer); EG. § 9; StPO. §§ 346 f., 352 (weitere Beschwerde nur gegen Beschlüsse des

Landgerichts, die Verhaftungen betreffen), GKG. § 4, ZGebO. § 17. Beschwerde gegen Entscheidungen der Strafkammer in der Berufungsinstanz (in einem anhängigen Berufungsverfahren), z. B. des vom Berufungsgericht bestraften Zeugen (StPO. §§ 50, 69).

4. Besetzung der Senate.

§ 124. Die Senate der Oberlandesgerichte entscheiden in der Besetzung von fünf Mitgliedern mit Einschluß des Vorsitzenden.

Vgl. § 194, ZPO. §§ 551 [1], 579 [1], StPO. § 377 [1]; EG. § 10.

Neunter Titel.

Reichsgericht.

Staatsanwaltschaft bei dem Reichsgericht: § 143 [1]; Gerichtsschreiber: § 154; Gerichtsvollzieher: § 155; Rechtsanwälte: RAO. §§ 98 ff.; Gerichtskosten (Gebührenfreiheit): GKG. § 98, V. vom 24. XII. 83 (RGBl. 1884 S. 1).

1. Sitz des Reichsgerichts.

§ 125. Der Sitz des Reichsgerichts wird durch Gesetz bestimmt.

Gesetz über den Sitz des Reichsgerichts vom 11. IV. 77 (RGBl. S. 415) § 2: Leipzig. Nach § 1 dieses Gesetzes findet § 8 EG. auf Sachsen keine Anwendung.

2. Besetzung.

§ 126. Das Reichsgericht wird mit einem Präsidenten und der erforderlichen Anzahl von Senatspräsidenten und Räten besetzt.

Vgl. EG. § 10.

a) Ernennung der Mitglieder. Befähigung.

§ 127. Der Präsident, die Senatspräsidenten und Räte werden auf Vorschlag des Bundesrats von dem Kaiser ernannt.

Zum Mitgliede des Reichsgerichts kann nur ernannt werden, wer die Fähigkeit zum Richteramte in einem Bundesstaate erlangt und das fünfunddreißigste Lebensjahr vollendet hat.

Abs. 2: §§ 2, 4 f.

b) **Amtsverlust.**

§ 128. Ist ein Mitglied zu einer Strafe wegen einer entehrenden Handlung oder zu einer Freiheitsstrafe von längerer als einjähriger Dauer rechtskräftig verurteilt, so kann dasselbe durch Plenarbeschluß des Reichsgerichts seines Amts und seines Gehalts für verlustig erklärt werden.

Vor der Beschlußfassung sind das Mitglied und der Ober-Reichsanwalt zu hören.

Abs. 1: Voraussetzung ist nicht, daß auf eine entehrende Strafe, Verlust der bürgerlichen Ehrenrechte, erkannt sei. Verlust des Amts kraft Gesetzes: StGB. §§ 31—37, 358.

Abs. 2: § 143[1] (Ober-Reichsanwalt).

c) **Vorläufige Amtsenthebung.**

§ 129. Ist wegen eines Verbrechens oder Vergehens das Hauptverfahren gegen ein Mitglied eröffnet, so kann die vorläufige Enthebung desselben von seinem Amte nach Anhörung des Ober-Reichsanwalts durch Plenarbeschluß des Reichsgerichts ausgesprochen werden.

Wird gegen ein Mitglied die Untersuchungshaft verhängt, so tritt für die Dauer derselben die vorläufige Enthebung von Rechts wegen ein.

Durch die vorläufige Enthebung wird das Recht auf den Genuß des Gehalts nicht berührt.

Abs. 1: Eröffnung des Hauptverfahrens: StPO. § 201. Ober-Reichsanwalt: § 143[1].

Abs. 2: Untersuchungshaft: StPO. §§ 112 ff.

d) **Versetzung in Ruhestand.**

§ 130. Wenn ein Mitglied durch ein körperliches Gebrechen oder durch Schwäche seiner körperlichen oder geistigen Kräfte zur Erfüllung seiner Amtspflichten dauernd unfähig wird, so tritt seine Versetzung in den Ruhestand gegen Gewährung eines Ruhegehalts ein. Dienstunfähigkeit ist nicht Vorbedingung des Anspruchs auf Ruhegehalt, wenn das aus dem Dienste scheidende Mitglied das fünfundsechzigste Lebensjahr vollendet hat.

Das jährliche Ruhegehalt beträgt bis zur Vollendung des zehnten Dienstjahres $^{20}/_{60}$ des Gehalts; es erhöht sich mit der Vollendung eines jeden folgenden Dienstjahres und bis zur Vollendung des fünfzigsten Dienstjahres um je $^{1}/_{60}$ des Gehalts.

Bei Berechnung der Dienstzeit wird die Zeit mitgerechnet, während welcher das Mitglied sich im Dienste des Reichs oder im Staats- oder Gemeindedienste eines Bundesstaates befunden oder in einem Bundesstaate als Anwalt, Advokat, Notar, Patrimonialrichter oder als öffentlicher Lehrer des Rechts an einer deutschen Universität fungiert hat.

Abs. 1: Satz 2 hinzugefügt durch RGZuständG. vom 22. V. 10 Art. I; die Mitglieder des Reichsgerichts sind damit den übrigen Reichsbeamten (RBG. § 34 a) und den richterlichen Beamten der Einzelstaaten, wie Preußen, Bayern usw., gleichgestellt.

Abs. 3: „Oeffentlicher Lehrer des Rechts an einer deutschen Universität": §§ 2 II, 4.

§ 131. Wird die Versetzung eines Mitgliedes in den Ruhestand nicht beantragt, obgleich die Voraussetzungen derselben vorliegen, so hat der Präsident die Aufforderung zu erlassen, binnen einer bestimmten Frist den Antrag zu stellen. Wird dieser Aufforderung nicht Folge geleistet, so ist die Versetzung in den Ruhestand durch Plenarbeschluß des Reichsgerichts auszusprechen.

Vor der Beschlußfassung sind das Mitglied und der Ober-Reichsanwalt zu hören.

Abs. 2: §§ 128 II, 143 [1].

3. Geschäftsverteilung.

§ 132. Bei dem Reichsgerichte werden Zivil- und Strafsenate gebildet. Die Zahl derselben bestimmt der Reichskanzler.

Zurzeit bestehen 7 Zivil- und 5 Strafsenate. Das Plenum entscheidet nach §§ 128 f., 131, 141, die vereinigten Zivil- oder Strafsenate oder das Plenum nach § 137, der vereinigte II. und III. Strafsenat nach §§ 136 [1], 138 II. — Vgl. EG. § 10.

Vorsitz und Geschäftsverteilung in den Senaten.

§ 133. Die Bestimmungen der §§ 61—68 finden mit der Maßgabe Anwendung, daß zu dem Präsidium die vier ältesten Mitglieder des Gerichts zuzuziehen sind.

Vgl. EG. § 10.

Weitere Geschäfte des Präsidiums: RAO. §§ 90 III, 99.

Keine Hilfsrichter.

§ 134. Die Zuziehung von Hilfsrichtern ist unzulässig

Vgl. §§ 69, 122, EG. § 10. RGZuständG. vom 22. V. 10 Art. XII (s. Vorbemerkung S. VI).

4. Zuständigkeit:*) a) in Zivilsachen.

§ 135. In bürgerlichen Rechtsstreitigkeiten ist das Reichsgericht zuständig für die Verhandlung und Entscheidung über das Rechtsmittel der Revision gegen die Endurteile der Oberlandesgerichte.

Fassung des Gesetzes vom 22. V. 10 Art. I: Die frühere Nr. 2, wonach das Reichsgericht auch für die Verhandlung und Entscheidung über das Rechtsmittel der Beschwerde gegen Entscheidungen der Oberlandesgerichte zuständig war, ist weggefallen. Nach der neuen Fassung des § 567 II ZPO. ist (im Zivil- wie bisher schon im Strafprozeß [StPO. § 346 III]) gegen Beschlüsse und Verfügungen der Oberlandesgerichte Beschwerde nicht mehr statthaft.

In Angelegenheiten der freiwilligen Gerichtsbarkeit und Grundbuchsachen dagegen ist das Reichsgericht noch für die weitere Beschwerde zuständig, falls das mit dieser zunächst befaßte Oberlandesgericht von einer Entscheidung eines anderen Oberlandesgerichts oder des Reichsgerichts abweichen will (FGG. §§ 28, 30, GBO. §§ 79, 81).**) — Vgl. EG. § 8, EGzZPO. §§ 7 f.

Revision: ZPO. § 545. Auch über Nichtigkeits- oder Restitutionsklage gegen Revisionsurteil (ZPO. §§ 579 f., 584; RG. LVII 234).

b) Zuständigkeit in Strafsachen.

§ 136. In Strafsachen ist das Reichsgericht zuständig:

1. für die Untersuchung und Entscheidung in erster und letzter Instanz in den Fällen des Hochverrats

*) Weitere Zuständigkeit des RG. in Zivil- und Strafsachen: § 160 (Rechtshilfe); EG. §§ 3 II, 11², 14 f., 17 I; ZPO. §§ 36, 650 III, ZVG. § 2 (vgl. hierzu RGZuständG. vom . V. 10 Art. V), EGzZPO. § 9, StPO. §§ 4, 9, 12—15, 19 (Bestimmung des zuständigen Gerichts), 170; PatG. vom 7. IV. 91 § 33 (Berufung gegen Entscheidung des Patentamts), EGzMStGO. vom 1. XII. 98 § 12 (weitere Beschwerde wegen Ablehnung von Rechtshilfeersuchen der Militärgerichte seitens der Amtsgerichte und Oberlandesgerichte); KonsGG. §§ 5, 14, 18, 55, 71 usw.

**) Gesetz, betr. Aenderungen des GVG. und der StPO., vom 17. V. 98 (RGBl. S. 252):

Art. IV. Wird gemäß § 79 Abs. 2 der Grundbuchordnung oder gemäß § 28 Abs. 2 des Gesetzes über die Angelegenheiten der freiwilligen Gerichtsbarkeit die weitere Beschwerde von dem Landesgerichte dem Reichsgerichte vorgelegt, so bleiben in Ansehung der Gerichtskosten die Vorschriften maßgebend, welche Anwendung finden, wenn eine solche Beschwerde bei dem Landesgericht erledigt wird; die erhobenen Kosten fließen jedoch in die Reichskasse.

und des Landesverrats, insofern diese Verbrechen gegen den Kaiser oder das Reich gerichtet sind;

2. für die Verhandlung und Entscheidung über die Rechtsmittel der Revision gegen Urteile der Strafkammern in erster Instanz, insoweit nicht die Zuständigkeit der Oberlandesgerichte begründet ist, und gegen Urteile der Schwurgerichte.

In Strafsachen wegen Zuwiderhandlungen gegen die Vorschriften über die Erhebung öffentlicher in die Reichskasse fließender Abgaben und Gefälle ist das Reichsgericht auch für die Verhandlung und Entscheidung über das Rechtsmittel der Revision gegen Urteile der Strafkammern in der Berufungsinstanz zuständig, sofern die Entscheidung des Reichsgerichts von der Staatsanwaltschaft bei der Einsendung der Akten an das Revisionsgericht beantragt wird.

Abs. 1 Nr. 1: §§ 138, 147 II. § 73 [3] und EG. § 6 sind hier unanwendbar. — StGB. §§ 80—93, SpionG. vom 3. VII. 93 §§ 1, 3, 12. Vgl. RV. Art. 74 f.; StPO. §§ 140, 170, 176 I, 184 (Voruntersuchung), 198 II, 207, 346, 483 (Strafvollstreckung durch Oberreichsanwalt), 484 f. (Begnadigungsrecht des Kaisers), 494, 506. Wenn die Verbrechen gegen einen Bundesstaat oder Landesherrn gerichtet sind, ist das Schwurgericht zuständig (§§ 80, 73 [2]; Ausnahme: § 73 [3]).

Nr. 2: StPO. § 374.
Ueber Beschwerden in Strafsachen entscheiden die Oberlandesgerichte (in Bayern das oberste Landesgericht) in letzter Instanz: § 123 [5], StPO. §§ 346 III, 352 II.
Zuständigkeit der Oberlandesgerichte für Revisionen gegen Urteile der Strafkammern I. Instanz: § 123 [3]. Hat ein Oberlandesgericht trotz Unzuständigkeit als Revisionsinstanz erkannt, so kann das Reichsgericht mit der Revision nicht mehr befaßt werden (RG. i. Str. XXII 113). Ergibt die Revisionsbegründung, daß Verletzung reichsrechtlicher (statt landesrechtlicher) Normen nur zum Scheine gerügt wird, so verweist das Reichsgericht wegen Unzuständigkeit an das zuständige Oberlandesgericht (StPO. § 388, RG. i. Str. XL 221).

Abs. 2: RV. Art. 35, 38, 49, RStempG. Nur die Staatsanwaltschaft beim Landgericht (Berufungsgericht) kann den die Zuständigkeit des Reichsgerichts begründenden Antrag bei Einsendung der Akten an das Reichsgericht (StPO. § 387 II) stellen, auch wenn die Revision weder von ihr noch gegen sie, sondern von der (zu diesem Antrage nicht berechtigten) Verwaltungsbehörde (StPO. §§ 464 ff.) eingelegt ist (RGE. i. Str. VII 327). Andernfalls ist Oberlandesgericht zuständig (§ 123 [2]).

5. Vereinigte Zivil- oder Strafsenate. Plenarentscheidung.

§ 137. Will in einer Rechtsfrage ein Zivilsenat von der Entscheidung eines anderen Zivilsenats oder der vereinigten Zivilsenate, oder ein Strafsenat von der Entscheidung eines anderen Strafsenats oder der vereinigten Strafsenate abweichen, so ist über die streitige Rechtsfrage im ersteren Falle eine Entscheidung der vereinigten Zivilsenate, im letzteren Falle eine solche der vereinigten Strafsenate einzuholen.

Einer Entscheidung der Rechtsfrage durch das Plenum bedarf es, wenn ein Zivilsenat von der Entscheidung eines Strafsenats oder der vereinigten Strafsenate, oder ein Strafsenat von der Entscheidung eines Zivilsenats oder der vereinigten Zivilsenate, oder ein Senat von der früher eingeholten Entscheidung des Plenums abweichen will.

Die Entscheidung der Rechtsfrage durch die vereinigten Senate oder das Plenum ist in der zu entscheidenden Sache bindend. Sie erfolgt in allen Fällen ohne vorgängige mündliche Verhandlung.

Vor der Entscheidung der vereinigten Strafsenate oder derjenigen des Plenums, sowie in Ehe- und Entmündigungssachen und in Rechtsstreitigkeiten, welche die Feststellung des Rechtsverhältnisses zwischen Eltern und Kindern oder die Anfechtung einer Todeserklärung zum Gegenstande haben, ist der Ober-Reichsanwalt mit seinen schriftlichen Anträgen zu hören.

Soweit die Entscheidung der Sache eine vorgängige mündliche Verhandlung erfordert, erfolgt dieselbe durch den erkennenden Senat auf Grund einer erneuten mündlichen Verhandlung, zu welcher die Prozeßbeteiligten von Amts wegen unter Mitteilung der ergangenen Entscheidung der Rechtsfrage zu laden sind.

Novelle vom 17. III. 86 und 17. V. 98. — Vgl. EG. § 10.

Abs. 1, 2: Zivilsenat oder Strafsenat oder Feriensenat (§ 203). Die abweichende Rechtsansicht muß zur wesentlichen Grundlage der früheren und neuerlichen Entscheidung (Urteil oder Beschluß) gehören, also keine bloß beiläufige Bemerkung. Dagegen kann jeder Senat ohne weiteres von seiner eigenen früheren Entscheidung abweichen. Nur über „die streitige Rechtsfrage", nicht über die ganze Sache, ist eine Entscheidung einzuholen; Verhandlung und Entscheidung des

Prozesses unter Zugrundelegung der bindenden Entscheidung der Rechtsfrage ist Aufgabe des mit der Sache befaßten Senats (Abs. 3, 5).
Abs. 3: Die Entscheidung der Rechtsfrage ist abzulehnen, wenn eine Abweichung von einer früheren Entscheidung nicht angenommen wird.
Abs. 4: ZPO. §§ 606—687, 960 ff.

Prozessuale Behandlung von Hoch- und Landesverrat gegen Kaiser und Reich.

§ 138. Der erste Strafsenat des Reichsgerichts hat bei den im § 136 Nr. 1 bezeichneten Verbrechen diejenigen Geschäfte zu erledigen, welche im § 72 Abs. 1 der Strafkammer des Landgerichts zugewiesen sind.

Das Hauptverfahren findet vor dem vereinigten zweiten und dritten Strafsenate statt.

Abs. 1: Entscheidungen, betr. die Voruntersuchung und deren Ergebnisse, sowie über Beschwerde gegen Verfügungen des Untersuchungsrichters (StPO. §§ 184, 346).
Abs. 2: „Das Hauptverfahren" mit allen vom erkennenden Gericht zu erlassenden Entscheidungen (StPO. §§ 222, 407 ff., 494 usw.), nicht bloß die Hauptverhandlung.

6. Besetzung: a) bei Plenarentscheid. rc. rc.

§ 139. Zur Fassung von Plenarentscheidungen und von Entscheidungen der vereinigten Zivil- oder Strafsenate, sowie der beiden vereinigten Strafsenate ist die Teilnahme von mindestens zwei Dritteilen aller Mitglieder mit Einschluß des Vorsitzenden erforderlich.

Die Zahl der Mitglieder, welche eine entscheidende Stimme führen, muß eine ungerade sein. Ist die Zahl der anwesenden Mitglieder eine gerade, so hat derjenige Rat, welcher zuletzt ernannt ist, und bei gleichem Dienstalter derjenige, welcher der Geburt nach der jüngere ist, oder, wenn dieser Berichterstatter ist, der nächst ältere kein Stimmrecht.

Vgl. § 194, EG. § 10. Das Plenum entscheidet in den Fällen der §§ 128 f., 131, 137 II, 141.

b) Besetzung der Senate.

§ 140. Die Senate des Reichsgerichts entscheiden in der Besetzung von sieben Mitgliedern mit Einschluß des Vorsitzenden.

Vgl. § 194, EG. § 10 II.

7. **Geschäftsordnung.**

§ 141. Der Geschäftsgang wird durch eine Geschäftsordnung geregelt, welche das Plenum auszuarbeiten und dem Bundesrat zur Bestätigung vorzulegen hat.

GeschO. vom 8. IV. 80 (ZBl. S. 190)
25. VII. 86 (ZBl. S. 300)

Zehnter Titel.

Staatsanwaltschaft.

§ 142. Bei jedem Gerichte soll eine Staatsanwaltschaft bestehen

Ihre Haupttätigkeit liegt auf strafprozessualem Gebiet; hierher gehört auch MStGO. § 239 (Mitwirkung bei Beschlagnahmen und Durchsuchungen auf Ersuchen der Militärgerichte bei Gefahr im Verzug). Sie wirkt ferner mit im Zivilprozeß: ZPO. §§ 607, 632 (Ehesachen), 640 f. (Feststellung des Rechtsverhältnisses zwischen Eltern und Kindern), 646, 652, 663, 666, 675 f., 678 f., 684—686 (Entmündigungssachen), 974 (Anfechtung einer Todeserklärung), sowie im ehrengerichtlichen Verfahren: RAO. §§ 66, 69, 74, 92. — In den vor den Konsul oder das Konsulargericht gehörenden Sachen wirkt eine Staatsanwaltschaft regelmäßig nicht mit, namentlich nicht in Strafsachen (KonsGG. §§ 15, 42, 55 f., 58, 65, 71). — Der Ausdruck „Staatsanwaltschaft" umfaßt deren sämtliche Organe, „Staatsanwalt" jedoch nicht den Amtsanwalt. § 142 schließt eine für mehrere Gerichte gemeinschaftliche staatsanwaltschaftliche Behörde nicht aus.

1. **Aeußere Organisation.**

§ 143. Das Amt der Staatsanwaltschaft wird ausgeübt:

1. bei dem Reichsgerichte durch einen Ober-Reichsanwalt und durch einen oder mehrere Reichsanwälte;
2. bei den Oberlandesgerichten, den Landgerichten und den Schwurgerichten durch einen oder mehrere Staatsanwälte;
3. bei den Amtsgerichten und den Schöffengerichten durch einen oder mehrere Amtsanwälte.

Die Zuständigkeit der Amtsanwälte erstreckt sich nicht auf das amtsrichterliche Verfahren zur Vorbereitung der öffentlichen Klage in denjenigen Strafsachen, welche zur Zuständigkeit anderer Gerichte als der Schöffengerichte gehören.

Abs. 1 Nr. 1: §§ 128 f., 131.

Nr. 2: Landgericht einschließlich auswärtiger Strafkammern (§ 78).

Abs. 2: Die Amtsanwälte sind im amtsrichterlichen Verfahren zur Vorbereitung der öffentlichen Klage (StPO. §§ 156 ff.) nur in schöffengerichtlichen (§ 27), nicht auch in überweisungsfähigen (§ 75) Sachen, in diesen erst von der Ueberweisung an (vgl. § 29) zuständig. Bei detachierten Strafkammern (§ 78) übt die Staatsanwaltschaft des Landgerichts das Amt der Staatsanwaltschaft aus (Abs. 1 Nr. 2).

Oertliche Zuständigkeit.

§ 144. Die örtliche Zuständigkeit der Beamten der Staatsanwaltschaft wird durch die örtliche Zuständigkeit des Gerichts bestimmt, für welches sie bestellt sind.

Ein unzuständiger Beamter der Staatsanwaltschaft hat sich denjenigen innerhalb seines Bezirks vorzunehmenden Amtshandlungen zu unterziehen, in Ansehung welcher Gefahr im Verzuge obwaltet.

Können die Beamten der Staatsanwaltschaft verschiedener Bundesstaaten sich nicht darüber einigen, wer von ihnen die Verfolgung zu übernehmen hat, so entscheidet der ihnen gemeinsam vorgesetzte Beamte der Staatsanwaltschaft und in Ermangelung eines solchen der Ober-Reichsanwalt.

Abs. 1: StPO. §§ 7 ff., ZPO. §§ 12 ff. Auch die sachliche Zuständigkeit der Staatsanwaltschaft bestimmt sich nach der sachlichen Zuständigkeit des Gerichts (§ 143; vgl. aber § 146).

Abs. 3: Gehören die Staatsanwälte demselben Bundesstaate an, so entscheidet der gemeinschaftliche Vorgesetzte (I. Staatsanwalt beim Landgericht, Oberstaatsanwalt beim Oberlandesgericht, Landesjustizverwaltung: § 148 ², ³). Ein den Staatsanwälten verschiedener Bundesstaaten gemeinsam vorgesetzter Beamter der Staatsanwaltschaft ist nur vorhanden, wenn Teile verschiedener Bundesstaaten zu einem Land- oder Oberlandesgerichtsbezirk vereinigt sind (z. B. Thüringische Staaten).

2. Innere Organisation.

§ 145. Besteht die Staatsanwaltschaft eines Gerichts aus mehreren Beamten, so handeln die dem ersten Beamten beigeordneten Personen als dessen Vertreter;

sie sind, wenn sie für ihn auftreten, zu allen Amtsverrichtungen desselben ohne den Nachweis eines besonderen Auftrags berechtigt.

Devolutions- und Substitutionsrecht.

§ 146. Die ersten Beamten der Staatsanwaltschaft bei den Oberlandesgerichten und den Landgerichten sind befugt, bei allen Gerichten ihres Bezirks die Amtsverrichtungen der Staatsanwaltschaft selbst zu übernehmen oder mit Wahrnehmung derselben einen anderen als den zunächst zuständigen Beamten zu beauftragen.

Amtsanwälte können das Amt der Staatsanwaltschaft nur bei den Amtsgerichten und den Schöffengerichten versehen.

Abs. 1: In den aus Gebietsteilen verschiedener Bundesstaaten zusammengesetzten Bezirken ist der erste staatsanwaltschaftliche Beamte durch die Staatsangehörigkeit des von ihm zu beauftragenden Beamten nicht gebunden.

Unterordnung.

§ 147. Die Beamten der Staatsanwaltschaft haben den dienstlichen Anweisungen ihres Vorgesetzten nachzukommen.

In denjenigen Sachen, für welche das Reichsgericht in erster und letzter Instanz zuständig ist, haben alle Beamte der Staatsanwaltschaft den Anweisungen des Ober-Reichsanwalts Folge zu leisten.

Abs. 1: „Vorgesetzte": § 148.

Abs. 2: § 136[1]. Im übrigen und abgesehen von § 144 III ist der Ober-Reichsanwalt nicht Vorgesetzter der Staatsanwaltschaft.

Beaufsichtigung und Leitung.

§ 148. Das Recht der Aufsicht und Leitung steht zu:

1. dem Reichskanzler hinsichtlich des Ober-Reichsanwalts und der Reichsanwälte;
2. der Landesjustizverwaltung hinsichtlich aller staatsanwaltlichen Beamten des betreffenden Bundesstaates;
3. den ersten Beamten der Staatsanwaltschaft bei den Oberlandesgerichten und den Landgerichten hin-

sichtlich aller Beamten der Staatsanwaltschaft ihres Bezirks.

Nr. 3: „Alle Beamten der Staatsanwaltschaft" einschließlich Amtsanwälte.

3. **Befähigung.**

§ 149. Der Ober-Reichsanwalt und die Reichsanwälte sind nicht richterliche Beamte.

Zu diesen Aemtern sowie den Aemtern der Staatsanwaltschaft bei den Oberlandesgerichten und den Landgerichten können nur zum Richteramte befähigte Beamte ernannt werden.

Abs. 2: §§ 2, 4 f.

4. **Ernennung der Reichsanwälte usw.**

§ 150. Der Ober-Reichsanwalt und die Reichsanwälte werden auf Vorschlag des Bundesrats vom Kaiser ernannt.

Dieselben können durch Kaiserliche Verfügung jederzeit mit Gewährung des gesetzlichen Wartegeldes einstweilig in den Ruhestand versetzt werden.

Abs. 2: „Gesetzliches Wartegeld": RBG. vom $\frac{31.\ III.\ 73}{18.\ V.\ 07}$ (RGBl. 1907 S. 245) §§ 26 ff.

5. **Verhältnis zu den Gerichten: a) Unabhängigkeit.**

§ 151. Die Staatsanwaltschaft ist in ihren Amtsverrichtungen von den Gerichten unabhängig.

Ausnahmen: § 177 (Ausübung der Sitzungspolizei durch den Vorsitzenden), StPO. §§ 173, 206 (Einreichung einer dem Beschluß auf Anklageerhebung oder auf Eröffnung des Hauptverfahrens entsprechenden Anklageschrift), 490 (gerichtliche Entscheidung bezüglich Strafvollstreckung).

b) Unzulässigkeit der Wahrnehmung richterlicher Geschäfte und Beaufsichtigung der Richter.

§ 152. Die Staatsanwälte dürfen richterliche Geschäfte nicht wahrnehmen. Auch darf ihnen eine Dienstaufsicht über die Richter nicht übertragen werden.

§ 10 Anm.

6. Verhältnis zu den Beamten der gerichtlichen Polizei; Hilfsbeamte der Staatsanwaltschaft.

§ 153. Die Beamten des Polizei- und Sicherheitsdienstes sind Hilfsbeamte der Staatsanwaltschaft und sind in dieser Eigenschaft verpflichtet, den Anordnungen der Staatsanwälte bei dem Landgerichte ihres Bezirks und der diesen vorgesetzten Beamten Folge zu leisten.

Die nähere Bezeichnung derjenigen Beamtenklassen, auf welche diese Bestimmung Anwendung findet, erfolgt durch die Landesregierungen.

Abs. 1: „Hilfsbeamte", nicht Beamte (Mitglieder oder Vertreter) der Staatsanwaltschaft (vgl. § 34 [5]). „Anordnungen der Staatsanwälte bei dem Landgerichte (nicht auch der Amtsanwälte) .... und der diesen vorgesetzten Beamten" (einschließlich des Ober-Reichsanwalts in den zur Zuständigkeit des Reichsgerichts gehörigen Sachen; §§ 147 II, 148): StPO. §§ 98 I (Beschlagnahme), 105 I (Durchsuchung), 159 (Ermittelungen im Auftrag der Staatsanwaltschaft), 187 (Auftr. des Untersuchungsrichters).

Elfter Titel.

Gerichtsschreiber.

Geschäftseinrichtung.

§ 154. Bei jedem Gerichte wird eine Gerichtsschreiberei eingerichtet. Die Geschäftseinrichtung bei dem Reichsgerichte wird durch den Reichskanzler, bei den Landesgerichten durch die Landesjustizverwaltung bestimmt.

Die Tätigkeit der Gerichtsschreiber ist sehr ausgedehnt; sie wirken insbesondere im Straf-, Zivilprozeß, Konkursverfahren und in der freiwilligen Gerichtsbarkeit mit. — Vgl. §§ 45, 51, 91, 94 (Auslosung, Beeidigung der Schöffen, Auslosung der Geschworenen), 162 (Rechtshilfe), 192 (Dolmetscher).

Zwölfter Titel.

Zustellungs- und Vollstreckungsbeamte.

1. Dienst- und Geschäftsverhältnisse der Gerichtsvollzieher.

§ 155. Die Dienst- und Geschäftsverhältnisse der mit den Zustellungen, Ladungen und Vollstreckungen zu betrauenden Beamten (Gerichtsvollzieher) werden bei dem Reichsgerichte durch den Reichskanzler, bei den Landesgerichten durch die Landesjustizverwaltung bestimmt.

Tätigkeit im Zivil- und Strafprozeß: ZPO. §§ 166 ff., 753 ff., StPO. §§ 37 f., 495, im Konkursverfahren: KO. § 72, bei der Rechtshilfe: § 162. — GVGebO. vom $\frac{24. VI. 78.}{20. V. 98}$ — Der GV. haftet zivilrechtlich dem Gläubiger für Versehen bei Ausführung eines Vollstreckungsauftrags nach den Grundsätzen über Auftrag, dagegen Dritten nur als Beamter (BGB. § 839, EGzBGB. Art. 77). Vgl. § 70 III (Zuständigkeit für Schadensersatzklagen).

2. Ausschließung.

§ 156. Der Gerichtsvollzieher ist von der Ausübung seines Amts kraft Gesetzes ausgeschlossen:

I. in bürgerlichen Rechtsstreitigkeiten:

1. wenn er selbst Partei oder gesetzlicher Vertreter einer Partei ist, oder zu einer Partei in dem Verhältnisse eines Mitberechtigten, Mitverpflichteten oder Schadensersatzpflichtigen steht;
2. wenn seine Ehefrau Partei ist, auch wenn die Ehe nicht mehr besteht;
3. wenn eine Person Partei ist, mit welcher er in gerader Linie verwandt, verschwägert oder durch Adoption verbunden, in der Seitenlinie bis zum dritten Grade verwandt oder bis zum zweiten Grade verschwägert ist, auch wenn die Ehe, durch welche die Schwägerschaft begründet ist, nicht mehr besteht;

II. in Strafsachen:

1. wenn er selbst durch die strafbare Handlung verletzt ist;
2. wenn er der Ehemann der Beschuldigten oder Verletzten ist oder gewesen ist;
3. wenn er mit dem Beschuldigten oder Verletzten in dem vorstehend unter Nr. I 3 bezeichneten Verwandtschafts- oder Schwägerschaftsverhältnisse steht.

Folge des Ausschlusses: Nichtigkeit der Amtshandlung.

Nr. I: Vgl. ZPO. § 41.

Nr. 1: ZPO. § 51.

Nr. 3: BGB. §§ 1589 f., 1741 ff., EGzBGB. Art. 33.

Nr. II: RAO. § 66 (ehrengerichtliches Verfahren). Vgl. StPO. § 22.

Dreizehnter Titel.

Rechtshilfe.

Die Vorschriften dieses Titels sind zunächst nur auf die gegenseitige Rechtshilfe der Gerichte i. S. der ordentl. streit. Gerichtsbarkeit anwendbar (§ 157, EG. § 2), sodann aber auch in Angelegenheiten der freiwilligen Gerichtsbarkeit (FGG. §§ 2, 194, FG. in Heer und Marine vom 28. V. 01 § 1[3]), ebenso in den Konsulargerichtsbezirken (KonsGG. §§ 7, 18) und Schutzgebieten (SchutzgebG. § 2), ferner auf Ersuchen des Patentamts (PatG. § 32), des See- und Ober-Seeamts (SeeUnfUntersG. vom 27. VII. 77 §§ 20, 30), der Gewerbe- und Kaufmannsgerichte (GewGG. § 61, KfmGG. § 16), Militärgerichte (EGzMStGO. §§ 12 f.), die §§ 158—160, 166 auch auf Ersuchen des Ehrengerichts nach RAO. § 86.

Im übrigen gilt noch z. T. das Rechtshilfegesetz vom 21. VI. 69 (BGBl. S. 305) für die Rechtshilfe, die seitens anderer als der ordentlichen Gerichte, z. B. Sondergerichte (§ 14), nachgesucht wird oder von andern Behörden zu gewähren ist. — Vgl. GKG. § 99 (Einziehung von Gerichtskosten), Gesetz über den Beistand bei Einziehung von Abgaben und Vollstreckung von Vermögensstr. vom 9. VI. 95, ZPO. §§ 328, 722 f. (Vollstreckung der Urteile ausländischer Gerichte im Inlande), 791 (Vollstreckung inländischer Urteile im Auslande), (internationales) Abkommen über den Zivilprozeß vom 17. VII. 05 (RGBl. 1909 S. 409) und Gesetz zur Ausführung dieses Abkommens vom 5. IV. 09 (RGBl. S. 430).

1. Rechtshilfepflicht.

§ 157. Die Gerichte haben sich in bürgerlichen Rechtsstreitigkeiten und in Strafsachen Rechtshilfe zu leisten.

§§ 157 ff. (insbes. § 161) beruhen auf dem in den Reichsjustizgesetzen zur Anerkennung gelangten Grundgedanken, daß die Gerichtsgewalt eines jeden deutschen ordentlichen Gerichts sich prinzipiell auf alle im Deutschen Reich (einerlei, in welchem Einzelstaate) sich aufhaltenden Personen erstreckt.

Auch die Gerichte verschiedener Bundesstaaten sind zur gegenseitigen Rechtshilfe (= stellvertretende Vornahme richterlicher Handlungen, nicht z. B. Strafvollstreckung nach StPO. § 483 III) verpflichtet (vgl. aber §§ 163, 165, 168).

Für Staatsanwaltschaften untereinander oder zwischen ihnen und Gerichten oder andern Behörden besteht keine allgemeine Rechtshilfepflicht (vgl. jedoch §§ 147 f., 153, 162, 164, StPO. §§ 159 f.).

2. Rechtshilfegericht.

§ 158. Das Ersuchen um Rechtshilfe ist an das Amtsgericht zu richten, in dessen Bezirke die Amtshandlung vorgenommen werden soll.

Das Amtsgericht ist ausschließliches Rechtshilfegericht. Für Ersuchen der Staatsanwaltschaft ist im allgemeinen nur die Prozeßordnung maßgebend. S. aber §§ 162—164.

3. Ablehnung der Rechtshilfe.

§ 159. Das Ersuchen darf nicht abgelehnt werden.

Das Ersuchen eines nicht im Instanzenzuge vorgesetzten Gerichts ist jedoch abzulehnen, wenn dem ersuchten Gerichte die örtliche Zuständigkeit mangelt, oder die vorzunehmende Handlung nach dem Rechte des ersuchten Gerichts verboten ist.

Abs. 2: Das Ersuchen eines dem Rechtshilfegericht (Amtsgericht) vorgesetzten Gerichts (Land-, Oberlandes-, Reichsgericht), zu dessen Bezirk das ersuchte Amtsgericht gehört, darf niemals abgelehnt werden, auch wenn das ersuchende Gericht im gegebenen Falle nicht Gericht höherer, sondern erster Instanz ist (§§ 70, 73 f., 136[1]). Vgl. auch StPO. § 183. Die örtliche Zuständigkeit mangelt dem ersuchten Gerichte, wenn die Amtshandlung nicht in seinem Bezirke vorgenommen werden soll (§ 158), also nicht, wenn beispielsweise um Vernehmung von Personen ersucht ist, die sich außerhalb seines Bezirks aufhalten, aber (z. B. zwecks Konfrontation u. dgl.) hier vernommen werden sollen. Bei örtlicher Unzuständigkeit kann es die Sache an das zuständige Gericht abgeben. „Nach dem (Reichs- oder Landes-) Rechte des ersuchten Gerichts (sc. an sich) verboten" (unzulässig) wäre z. B. die Beeidigung eines noch nicht 16 Jährigen oder die Vernehmung eines gesetzlichen Vertreters einer Partei als Zeugen; ob in concreto die Voraussetzungen der Zulässigkeit der „vorzunehmenden Handlung" gegeben sind, hat nur das ersuchende Gericht zu prüfen. Auch die Zweckmäßigkeit des Ersuchens u. dgl. hat das ersuchte Gericht nicht nachzuprüfen (RG. i. Z. LXIX 274). Ablehnung des Ersuchens wegen örtlicher Unzuständigkeit des ersuchenden oder sachlicher Unzuständigkeit des ersuchenden oder ersuchten Gerichts ist nicht vorgesehen.

Entscheidung des OLG.

§ 160. Wird das Ersuchen abgelehnt, oder wird der Vorschrift des § 159 Abs. 2 zuwider dem Ersuchen stattgegeben, so entscheidet das Oberlandesgericht, zu dessen Bezirke das ersuchte Gericht gehört. Eine Anfechtung dieser Entscheidung findet nur statt, wenn dieselbe die Rechtshilfe für unzulässig erklärt, und das ersuchende und das ersuchte Gericht den Bezirken verschiedener Oberlandesgerichte angehören. Ueber die Beschwerde entscheidet das Reichsgericht.

Die Entscheidungen erfolgen auf Antrag der Beteiligten oder des ersuchenden Gerichts ohne vorgängige mündliche Verhandlung.

Abs. 1: Das OLG. (Abweichung von §§ 71 f.) entscheidet auch bei teilweiser Ablehnung, oder wenn über die Ausführung des Ersuchens, z. B. hinsichtlich der Kosten (§ 165), Streit entsteht. Dagegen findet Beschwerde im Aufsichtswege statt bei dem — nicht hierher gehörigen — Ersuchen um Strafvollstreckung (StPO. § 483 III; GVG. § 164). Beschwerde (ZPO. §§ 567 ff. und StPO. §§ 346 ff. hier nicht anwendbar) gegen die Entscheidung des OLG. ist ausgeschlossen, wenn dieses unter Abänderung des ablehnenden Beschlusses des ersuchten Gerichts dem Ersuchen stattgibt oder die Rechtshilfe nicht für unzulässig erklärt, sondern den Antrag als unbegründet ablehnt oder ersuchendes und ersuchtes Gericht unter demselben OLG. stehen.

Abs. 2: Mündliche Verhandlung hier ausgeschlossen; anders ZPO. § 573 I.

4. Vollstreckung, Ladung, Zustellung.

§ 161. **Die Herbeiführung der zum Zwecke von Vollstreckungen, Ladungen und Zustellungen erforderlichen Handlungen erfolgt nach Vorschrift der Prozeßordnungen ohne Rücksicht darauf, ob die Handlungen in dem Bundesstaate, welchem das Prozeßgericht angehört, oder in einem anderen Bundesstaate vorzunehmen sind.**

Ladungen und Zustellungen im Auftrage der Parteien, Gerichte oder Staatsanwaltschaften (ZPO. §§ 166, 193, 208, 214, 496 f., StPO. §§ 37 f.), Vollstreckungen jeder Art (ZPO. § 753), auch von Geldstrafen (StPO. § 495), nicht Freiheitsstrafen (§ 164), erfolgen, ohne daß es der Rechtshilfe bedarf, durch unmittelbares Angehen der Gerichtsvollzieher (vgl. § 162) oder der Vollstreckungsgerichte (ZPO. §§ 828 ff.); ebenso können die Gerichte wegen Vollstreckung von Haft- oder Vorführungsbefehlen usw. sich unmittelbar an die Polizeibehörden (auch anderer Bundesstaaten) wenden; denn die Gerichtsgewalt eines jeden deutschen ordentlichen Gerichts erstreckt sich grundsätzlich über alle deutschen Staaten. Wo aber Rechtshilfe i. S. § 157 nicht erforderlich, ist ein hierum ersuchtes Gericht zur Ablehnung des Ersuchens berechtigt. Etwaige Beschwerden über Gerichtsvollzieher oder Polizeibehörden gehen an deren vorgesetzte Aufsichtsbehörde.

Vermittlung des Gerichtsschreibers.

§ 162. **Gerichte, Staatsanwaltschaften und Gerichtsschreiber können wegen Erteilung eines Auftrags an einen Gerichtsvollzieher die Mitwirkung des Gerichtsschreibers des Amtsgerichts in Anspruch nehmen, in**

dessen Bezirke der Auftrag ausgeführt werden soll. Der von dem Gerichtsschreiber beauftragte Gerichtsvollzieher gilt als unmittelbar beauftragt.

Auftrag von Parteien zu Zustellungen, Zwangsvollstreckungen durch Vermittlung des Gerichtsschreibers: ZPO. §§ 166 II, 753 II.

5. Vollstreckung von Freiheitsstrafen.

§ 163. Eine Freiheitsstrafe, welche die Dauer von sechs Wochen nicht übersteigt, ist in demjenigen Bundesstaate zu vollstrecken, in welchem der Verurteilte sich befindet.

Freiheitsstrafen (auch Haft nach § 179, ZPO. §§ 380, 390 Abs. 1 [nicht Abs. 2, da hier keine Strafe, sondern nur Zwangsmittel], 890 [nicht 888 f., 901]) bis einschließlich 6 Wochen werden — ohne Rücksicht auf Staatsangehörigkeit und Wohnsitz des Verurteilten oder den Ort der Aburteilung — durch Ersuchen der Staatsanwaltschaft (§ 164) in dem Bundesstaate vollstreckt, wo der Verurteilte sich gerade befindet oder betroffen wird, Freiheitsstrafen über 6 Wochen dagegen im Bundesstaate des erkennenden Gerichts. Vollstreckung der Gesamtstrafe (StGB. § 79, StPO. § 492) bei Festsetzung der Einzelstrafen von Gerichten verschiedener Bundesstaaten: Beschluß des Bundesrats vom 11. VI. 85 (ZBl. S. 270).*) — Geldstrafe: § 161, StPO. § 495.

---

*) Der Bundesrat hat durch Beschluß vom 11. VI. 85 in bezug auf die Vollstreckung von Gesamtstrafen bei Festsetzung der Einzelstrafen von Gerichten verschiedener Bundesstaaten den nachstehenden Grundsätzen die Zustimmung erteilt:

Grundsätze,

welche in betreff der Vollstreckung einer auf Grund von § 79 des Strafgesetzbuchs oder § 492 der Strafprozeßordnung erkannten Gesamtstrafe, falls die Einzelstrafen von Gerichten verschiedener Bundesstaaten festgesetzt sind, zur Anwendung zu kommen haben, unbeschadet anderweiter Vereinbarung der beteiligten Bundesstaaten im einzelnen Falle.

1. Die Vollstreckung der Gesamtstrafe ist von demjenigen Bundesstaate zu bewirken, dessen Gericht dieselbe, sei es in der regelmäßigen Form, sei es in der Form einer sogenannten Zusatzstrafe, festgesetzt hat.
2. Auf Ersuchen der zuständigen Behörde des in Nr. 1 bezeichneten Staates ist die Vollstreckung von demjenigen Bundesstaate zu übernehmen, welcher nach dem Gesamtbetrage der von seinen Gerichten erkannten oder für verwirkt erachteten Einzelstrafen an der Gesamtstrafe am höchsten beteiligt ist. Bei Berechnung des Gesamtbetrages der Einzelstrafen sind der

Requisition an Staatsanwaltschaft.

§ 164. Soll eine Freiheitsstrafe in dem Bezirke eines anderen Gerichts vollstreckt oder ein in dem Bezirke eines anderen Gerichts befindlicher Verurteilter zum Zwecke der Strafverbüßung ergriffen und abgeliefert werden, so ist die Staatsanwaltschaft bei dem Landgerichte des Bezirks um die Ausführung zu ersuchen.

„Freiheitsstrafe": § 163 Anm.; Geldstrafe: § 161 Anm. — Nach StPO. § 483 ist dem Ersuchen die Urteilsformel mit Vollstreckbarkeitsbescheinigung beizufügen. Bei Ablehnung Beschwerde an die Aufsichtsbehörde, den Staatsanwalt (Oberstaatsanwalt) bei dem OLG. (§ 148).

6. Kosten der Rechtshilfe.

§ 165. Im Falle der Rechtshilfe unter den Behörden verschiedener Bundesstaaten sind die baren Auslagen, welche durch eine Ablieferung oder Strafvollstreckung entstehen, der ersuchten Behörde von der ersuchenden zu erstatten.

Art nach verschiedene Strafen nach ihrem gesetzlichen Geltungsverhältnis (§ 21 des Strafgesetzbuchs) in Anschlag zu bringen.

3. Sind mehrere Bundesstaaten mit einem gleichen Höchstbetrage an der Gesamtstrafe beteiligt, so ist, falls einer derselben bereits eine in die Gesamtstrafe einbezogene, ihr gleichartige Einzelstrafe vollstreckt, die Gesamtstrafe von diesem zu vollstrecken. Anderenfalls werden die bezeichneten Staaten sich darüber vereinigen, welcher von ihnen die Vollstreckung zu übernehmen hat.

4. In den Fällen der Nr. 3 werden die Kosten der Strafvollstreckung, als welche indes nur bare Auslagen in Rechnung gestellt werden sollen, von den mehreren höchstbeteiligten Staaten zu gleichen Teilen getragen.

   Im übrigen findet eine Erstattung von Kosten nicht statt.

5. Unberührt bleibt die Vorschrift im § 163 des Gerichtsverfassungsgesetzes. Der auf Grund dieser Vorschrift eine Gesamtstrafe vollstreckende Staat wird die nach § 165 des Gerichtsverfassungsgesetzes zu erstattenden Auslagen von demjenigen Staate ersetzt erhalten, der nach obigen Grundsätzen die Vollstreckung zu übernehmen hätte.

6. Vorstehende Grundsätze finden entsprechende Anwendung, wenn die Gesamtstrafe oder eine in dieselbe einbezogene Einzelstrafe vom Reichsgericht in erster Instanz festgesetzt worden ist.

Im übrigen werden Kosten der Rechtshilfe von der ersuchenden Behörde nicht erstattet.

Ist eine zahlungspflichtige Partei vorhanden, so sind die Kosten von derselben durch die ersuchende Behörde einzuziehen und der eingezogene Betrag der ersuchten Behörde zu übersenden.

Stempel-, Einregistrierungsgebühren oder andere öffentliche Abgaben, welchen die von der ersuchenden Behörde übersendeten Schriftstücke (Urkunden, Protokolle) nach dem Rechte der ersuchten Behörde unterliegen, bleiben außer Ansatz.

Abs. 1: „Strafvollstreckung": Freiheits- oder Geldstrafe (§§ 161, 164). Streit über Auslagenerstattung: § 160.

Abs. 2: Auch nicht Gebühren der Zeugen und Sachverständigen (es sei denn, daß die Tätigkeit des ersuchten Gerichts sich auf Entgegennahme eines Schriftstücks, z. B. schriftlichen Gutachtens, und dessen Weiterbeförderung an das ersuchende Gericht beschränkt: RG. i. Str XXIV 3). Nur aus der Staatskasse werden sonstige Rechtshilfekosten nicht erstattet; im übrigen s. Abs. 3.

Abs. 3: „Zahlungspflichtige Partei" im Zivil- und Strafprozeß, also auch der verurteilte Angeklagte. Keine Zahlungspflicht, wenn (auch) nur) einer Partei das Armenrecht bewilligt ist (ZPO. §§ 115, 120). „Die (sc. ganzen) Kosten" (Abs. 1 und 2), nicht bloß bare Auslagen.

7. Zeugen- und Sachverständigen-Gebühren.

§ 166. Für die Höhe der den geladenen Zeugen und Sachverständigen gebührenden Beträge sind die Bestimmungen maßgebend, welche bei dem Gerichte gelten, vor welches die Ladung erfolgt.

Sind die Beträge nach dem Rechte des Aufenthaltsorts der geladenen Personen höher, so können die höheren Beträge gefordert werden.

Bei weiterer Entfernung des Aufenthaltsorts der geladenen Personen ist denselben auf Antrag ein Vorschuß zu bewilligen.

§ 166 gilt allgemein und ohne Beschränkung auf Rechtshilfe bei Ladung von Zeugen und Sachverständigen aus Bezirken desselben oder eines andern Gerichts oder Bundesstaats und ergänzt ZPO. §§ 401, 413, StPO. §§ 70, 84.

Abs. 1, 2: ZGebO. §§ 13—15. Besondere Taxvorschriften bestehen z. B. für Aerzte.

Abs. 3: Auch innerhalb desselben Gerichtsbezirks.

8. Amtshandlungen der Gerichte außerhalb ihres Bezirks.

§ 167. Ein Gericht darf Amtshandlungen außerhalb seines Bezirks ohne Zustimmung des Amtsgerichts des Orts nur vornehmen, wenn Gefahr im Verzuge obwaltet. In diesem Falle ist dem Amtsgerichte des Orts Anzeige zu machen.

Jedes Gericht darf Amtshandlungen (z. B. Augenscheinseinnahme) außerhalb seines Bezirks, sei es in demselben oder einem andern Bundesstaat, anstatt um Rechtshilfe zu ersuchen, regelmäßig nicht selbst vornehmen — außer mit Zustimmung des Amtsgerichts (bei deren Verweigerung Beschwerde an das Landgericht zulässig ist) oder bei Gefahr im Verzug (z. B. Leichenschau, Leichenöffnung: StPO. §§ 87 ff.).

9. Nacheile.

§ 168. Die Sicherheitsbeamten eines Bundesstaates sind ermächtigt, die Verfolgung eines Flüchtigen auf das Gebiet eines anderen Bundesstaates fortzusetzen und den Flüchtigen daselbst zu ergreifen.

Der Ergriffene ist unverzüglich an das nächste Gericht oder die nächste Polizeibehörde des Bundesstaates, in welchem er ergriffen wurde, abzuführen.

Abs. 1: Die Sicherheitsbeamten (Schutzleute, Gendarmen, Strafanstaltsbeamte u. dgl.) brauchen nicht Hilfsbeamte der Staatsanwaltschaft (§ 153) zu sein. Vgl. StPO. § 127. „Verfolgung (worunter alle Maßnahmen zum Zwecke der Ergreifung fallen) eines Flüchtigen (auf frischer Tat Betroffenen oder bereits Verurteilten, Entsprungenen usw.) auf das Gebiet eines (= jedes) anderen (nicht notwendig benachbarten) Bundesstaates" und „Ergreifung" zwecks Verhaftung oder Personalienfeststellung, nicht bloß Durchsuchung oder Beschlagnahme von Sachen (RG. i. Str. XXVI 212).

Abs. 2: Vgl. StPO. §§ 128 ff.

10. Aktenmitteilung.

§ 169. Die in einem Bundesstaate bestehenden Vorschriften über die Mitteilung von Akten einer öffentlichen Behörde an ein Gericht dieses Bundesstaates kommen auch dann zur Anwendung, wenn das ersuchende Gericht einem anderen Bundesstaate angehört.

ZPO. § 432; StPO. § 96.

Vierzehnter Titel.

Oeffentlichkeit und Sitzungspolizei.

Die Vorschriften gelten auch in den Konsulargerichtsbezirken und Schutzgebieten (KonsGG. § 19, SchutzgebG. § 3), im Verfahren vor den Gewerbe-, Kaufmannsgerichten (GewGG. § 38, KfmGG. § 16), Seemannsämtern (SeemO. § 123) und teilweise nach GewO. § 21 [2], [3], [5].

I. 1. Oeffentlichkeit der Verhandlung.

§ 170. Die Verhandlung vor dem erkennenden Gerichte, einschließlich der Verkündung der Urteile und Beschlüsse desselben, erfolgt öffentlich.

Verletzung der Vorschrift ist Revisionsgrund: ZPO. § 551 [6] (§ 539), StPO. § 377 [6] (§ 369 II). Feststellung der Oeffentlichkeit im Sitzungsprotokoll: ZPO. §§ 159 [5], 164, StPO. §§ 272 [5], 274. Die Türen zum Zuhörerraum dürfen während einer Gerichtsverhandlung nur wegen Ueberfüllung oder bei Ausschluß der Oeffentlichkeit nach §§ 171 ff. verschlossen sein. Auch sonstige Maßregeln gegen Ueberfüllung (Einlaßkarten u. dgl.) sind zulässig. Jede mündliche „Verhandlung vor dem erkennenden Gerichte" jeder Instanz: Hauptverhandlung im Strafprozeß (StPO. §§ 225 ff.); andere Verhandlungen, z. B. vor dem beauftragten oder ersuchten Richter, das (strafprozessuale) Vorverfahren usw., sind nicht öffentlich. Ausdrücklich ist Oeffentlichkeit noch in §§ 45, 91, StPO. §§ 280 II, 281, 288 II vorgeschrieben.

2. Ausschließung der Oeffentlichkeit: a) in Ehesachen.

§ 171. In Ehesachen ist die Oeffentlichkeit auszuschließen, wenn eine der Parteien es beantragt.

„Ehesachen": ZPO. §§ 606—639. Ausschließung ohne Antrag: § 173. Verletzung der Mußvorschrift der §§ 171 f. ist wesentlicher Mangel des Verfahrens und Revisionsgrund: ZPO. §§ 539, 551 [6]; 159 [5], 164.

b) Entmündigungssachen.

§ 172. In dem auf die Klage wegen Anfechtung oder Wiederaufhebung der Entmündigung einer Person wegen Geisteskrankheit oder wegen Geistesschwäche eingeleiteten Verfahren (§§ 664, 679 der Zivilprozeßordnung) ist die Oeffentlichkeit während der Vernehmung des Entmündigten auszuschließen, auch kann auf Antrag einer der Parteien die Oeffentlichkeit der Verhandlung überhaupt ausgeschlossen werden.

Das Verfahren wegen Entmündigung oder Wiederaufhebung der Entmündigung (§§ 645—663, 675—678 der Zivilprozeßordnung) ist nicht öffentlich.

Abs. 1 (durch Novelle vom 17. V. 98 ergänzt) findet bei Entmündigung wegen Verschwendung oder Trunksucht (ZPO. §§ 680 bis 687) keine Anwendung. „Vernehmung des Entmündigten": ZPO. §§ 654, 671 I, 679 IV. Revision wegen Verletzung der Mußvorschrift: § 171 Anm.

c) wegen Gefährdung der öffentlichen Ordnung oder Sittlichkeit.

§ 173. In allen Sachen kann durch das Gericht für die Verhandlung oder für einen Teil derselben die Oeffentlichkeit ausgeschlossen werden, wenn sie eine Gefährdung der öffentlichen Ordnung, insbesondere der Staatssicherheit, oder eine Gefährdung der Sittlichkeit besorgen läßt.

§§ 173—176 sind durch G. vom 5. IV. 88 Art. I geändert und ergänzt. — „Gefährdung der öffentlichen Ordnung": Störung der Gerichtsverhandlung, Erschwerung der Wahrheitsermittlung, Belästigung oder Mißhandlung der Zeugen usw. Das Gericht entscheidet nach freiem Ermessen und braucht seinen Beschluß nicht näher zu begründen (RG. i. Str. XXVI 395). Vgl. § 175. Oeffentliche Verhandlung trotz entgegengesetzten Beschlusses ist hier kein Revisionsgrund, da § 173 keine Mußvorschrift enthält.

3. Oeffentlichkeit bei Urteilsverkündung.

§ 174. Die Verkündung des Urteils erfolgt in jedem Falle öffentlich.

Durch einen besonderen Beschluß des Gerichts kann für die Verkündung der Urteilsgründe oder eines Teiles derselben die Oeffentlichkeit ausgeschlossen werden, wenn sie eine Gefährdung der Staatssicherheit oder eine Gefährdung der Sittlichkeit besorgen läßt.

Abs. 1: Vor der Verkündung des Urteils (der Urteilsformel und des wesentlichen Inhalts der Urteilsgründe: StPO. § 267) ist die (bis dahin ausgeschlossene) Oeffentlichkeit wiederherzustellen (durch Aufschließen der Türen usw.). Verletzung ist Revisionsgrund (wie bei §§ 170—172). Auch der Beschluß auf Ausschließung der Oeffentlichkeit ist öffentlich zu verkünden: § 175 I Satz 2.

Abs. 2 (G. vom 5. IV. 88): Zur Ausschließung der Oeffentlichkeit für die Verkündung der Urteilsgründe ist ein „besonderer" (neuer) Gerichtsbeschluß, über den vorher besonders verhandelt werden muß (§ 175 I), erforderlich und der allgemeine, nach § 173 „für die Verhandlung" ergangene nicht genügend.

4. Verhandlung und Beschlußfassung über Ausschließung der Oeffentlichkeit.

§ 175. Die Verhandlung über die Ausschließung der Oeffentlichkeit findet in nicht öffentlicher Sitzung statt, wenn ein Beteiligter es beantragt oder das Gericht es für angemessen erachtet. Der Beschluß, welcher die Oeffentlichkeit ausschließt, muß öffentlich verkündet werden. Bei der Verkündung ist anzugeben, ob die Ausschließung wegen Gefährdung der öffentlichen Ordnung, insbesondere wegen Gefährdung der Staatssicherheit, oder ob sie wegen Gefährdung der Sittlichkeit erfolgt.

Ist die Oeffentlichkeit wegen Gefährdung der Staatssicherheit ausgeschlossen, so kann das Gericht den anwesenden Personen die Geheimhaltung von Tatsachen, welche durch die Verhandlung, durch die Anklageschrift oder durch andere amtliche Schriftstücke des Prozesses zu ihrer Kenntnis gelangen, zur Pflicht machen. Der Beschluß ist in das Sitzungsprotokoll aufzunehmen. Gegen denselben findet Beschwerde statt. Die Beschwerde hat keine aufschiebende Wirkung.

Fassung des G. vom 5. IV. 88.

Abs. 1: „Verhandlung über die Ausschließung der Oeffentlichkeit": Den Beteiligten (dem Staatsanwalt, Angeklagten, Verteidiger, Privat-, Nebenkläger oder seinem Vertreter) muß — auch wenn ein Antrag auf Verhandlung nicht gestellt ist — Gelegenheit zur Erklärung hierüber gegeben werden. Ein Verstoß gegen § 175 ist zwar Revisionsgrund, wird aber durch ordnungsmäßige Wiederholung der betr. Verhandlungen geheilt (RG. i. Str. XXXV 353). „Bei der Verkündung ist anzugeben usw.": Nichtangabe des Grundes der Oeffentlichkeits-Ausschließung im Sitzungsprotokoll ist Revisionsgrund und bewirkt Nichtigkeit (vgl. § 170 Anm.).

Abs. 2: Strafbestimmungen: Ges. vom 5. IV. 88 Art. II (Zuwiderhandlung gegen § 175 II) und III (Verbot der Veröffentlichung durch die Presse).*)

---

*) **Art. II:** Wer die nach § 175 Abs. 2 des GVG. ihm auferlegte Pflicht der Geheimhaltung durch unbefugte Mitteilung verletzt, wird mit Geldstrafe bis zu 1000 Mark oder mit Haft oder mit Gefängnis bis zu sechs Monaten bestraft.

Art. III: Soweit bei einer Gerichtsverhandlung die Oeffentlichkeit wegen Gefährdung der Staatssicherheit ausgeschlossen war, dürfen Berichte über die Verhandlung durch die Presse nicht veröffentlicht

RStGB. § 184 b (Verbot der Veröffentlichung bei Ausschluß wegen Gefährdung der Sittlichkeit). *)

5. Versagung des Zutritts zu öffentlichen und Gestattung des Zutritts zu nichtöffentlichen Verhandlungen.

§ 176. Der Zutritt zu öffentlichen Verhandlungen kann unerwachsenen und solchen Personen versagt werden, welche sich nicht im Besitze der bürgerlichen Ehrenrechte befinden, oder welche in einer der Würde des Gerichts nicht entsprechenden Weise erscheinen.

Zu nicht öffentlichen Verhandlungen kann der Zutritt einzelnen Personen vom Gerichte gestattet werden. Einer Anhörung der Beteiligten bedarf es nicht.

Die Ausschließung der Oeffentlichkeit steht der Anwesenheit der die Dienstaufsicht führenden Beamten der Justizverwaltung bei den Verhandlungen vor dem erkennenden Gerichte nicht entgegen.

Abs. 2 **und** 3: Fassung vom 5. IV. 88.
Abs. 3: Anders bei der Beratung und Abstimmung (§ 195).

II. Sitzungspolizei: 1. Befugnis des Vorsitzenden zur Aufrechterhaltung der Ordnung.

§ 177. Die Aufrechthaltung der Ordnung in der Sitzung liegt dem Vorsitzenden ob.

Die Vorschriften über Sitzungspolizei gelten auch im gerichtlichen Verfahren nach FGG. § 8, § 177 ferner im ehrengerichtlichen Verfahren nach RAO. § 66. — „Die Aufrechthaltung der Ordnung in der Sitzung" gegenüber allen in der Sitzung Anwesenden (z. B. auch Richter, Staatsanwalt, Rechtsanwalt, Gerichtsschreiber, Schöffen, Geschworenen) ist Recht und Pflicht des Vorsitzenden. Gegen seine Anordnungen, Rügen, Unterbrechungen usw. ist eine prozessuale Beschwerde oder Anrufung der Entscheidung des Gerichts nicht gegeben.

---

werden. Das Gleiche gilt auch nach der Beendigung des Verfahrens in betreff der Veröffentlichung der Anklageschrift oder anderer amtlicher Schriftstücke des Prozesses.
Zuwiderhandlungen unterliegen der im Art. II bestimmten Strafe.

*) Mit Geldstrafe bis zu 300 M. oder mit Gefängnis bis zu 6 Monaten wird bestraft, wer aus Gerichtsverhandlungen, für welche wegen Gefährdung der Sittlichkeit die Oeffentlichkeit ausgeschlossen war, oder aus den diesen Verhandlungen zugrunde liegenden amtlichen Schriftstücken öffentlich Mitteilungen macht, welche geeignet sind, Aergernis zu erregen.

Strafbefugnisse dagegen stehen nur dem Gerichte zu (§§ 178—180). Vgl. § 182; ZPO. §§ 136, 140 (Beanstandung einer auf die Sachleitung bezüglichen Anordnung des Vorsitzenden), StPO. §§ 237, 240.

2. Befugnisse des Gerichts: a) Entfernung.

§ 178. Parteien, Beschuldigte, Zeugen, Sachverständige oder bei der Verhandlung nicht beteiligte Personen, welche den zur Aufrechthaltung der Ordnung erlassenen Befehlen nicht gehorchen, können auf Beschluß des Gerichts aus dem Sitzungszimmer entfernt, auch zur Haft abgeführt und während einer in dem Beschlusse zu bestimmenden Zeit, welche vierundzwanzig Stunden nicht übersteigen darf, festgehalten werden.

Bei der Verhandlung beteiligte Rechtsanwälte oder Verteidiger: § 180. „Beschluß des Gerichts“: Anordnung des Vorsitzenden genügt nicht. Vgl. StPO. §§ 246 (Entfernung des Angeklagten), 33 (vorherige Anhörung der Beteiligten), 34 f. (Verkündung mit Gründen); ZPO. § 158 (Folgen der Entfernung beteiligter Personen: gleich freiwilliger Entfernung). Beschwerde gegen die Maßregeln des § 178 ist nicht zugelassen (vgl. § 183).

b) Ordnungsstrafe weg. Ungebühr: α) der Parteien usw.

§ 179. Das Gericht kann gegen Parteien, Beschuldigte, Zeugen, Sachverständige oder bei der Verhandlung nicht beteiligte Personen, welche sich in der Sitzung einer Ungebühr schuldig machen, vorbehaltlich der strafgerichtlichen Verfolgung, eine Ordnungsstrafe bis zu einhundert Mark oder bis zu drei Tagen Haft festsetzen und sofort vollstrecken lassen.

Bei der Verhandlung beteiligte Rechtsanwälte oder Verteidiger: § 180. Strafe, Ordnungsstrafe und Maßregeln des § 178 sind nebeneinander statthaft. Einer nicht beizutreibenden Ordnungs-Geldstrafe kann keine Haftstrafe substituiert werden; §§ 28 f. StGB. sind hier nicht anwendbar. Die Ordnungs-Haftstrafe beträgt mindestens 1 Tag (anders nach § 178). „In der Sitzung“ ist die Ungebühr verübt, auch wenn sich das Gericht zur Beratung zurückgezogen, ohne die Sitzung zu unterbrechen. Beteiligter i. S. § 33 StPO. ist nur der Bestrafte. Beschwerde: § 183 (ohne aufschiebende Wirkung).

β) Ordnungsstrafe gegen Rechtsanwälte u. Verteidiger.

§ 180. Das Gericht kann gegen einen bei der Verhandlung beteiligten Rechtsanwalt oder Verteidiger, der sich in der Sitzung einer Ungebühr schuldig macht, vorbehaltlich der strafgerichtlichen oder disziplinaren Verfolgung, eine Ordnungsstrafe bis zu einhundert Mark festsetzen.

„Verteidiger" braucht nicht Rechtsanwalt zu sein (StPO. §§ 138, 144 II). Maßnahmen aus §§ 178, 179 sind gegen RA. und Verteidiger unzulässig; ebenso Umwandlung der uneinbringlichen Ordnungsstrafe in Haft; s. § 179 Anm. Beschwerde: § 183 (mit aufschiebender Wirkung).

γ) **Vollstreckung der Ordnungsstrafen.**

§ 181. Die Vollstreckung der vorstehend bezeichneten Ordnungsstrafen hat der Vorsitzende unmittelbar zu veranlassen.

„Unmittelbar" = ohne Vermittlung oder Mitwirkung der Staatsanwaltschaft (StPO. §§ 36, 483).

3. **Befugnisse des einzelnen Richters.**

§ 182. Die in den §§ 177—181 bezeichneten Befugnisse stehen auch einem einzelnen Richter bei der Vornahme von Amtshandlungen außerhalb der Sitzung zu.

Also z. B. dem beauftragten oder ersuchten Richter, Vollstreckungsrichter (ZPO. §§ 165, 764), Untersuchungsrichter, Amtsrichter (StPO. §§ 185, 163 ff.); dagegen ist der Amtsrichter als erkennender Richter in der Sitzung i. S. §§ 177—181 Vorsitzender und Gericht zugleich. Beschwerde: § 183 (mit aufschiebender Wirkung).

4. **Beschwerde gegen Ordnungsstrafen.**

§ 183. Ist in den Fällen der §§ 179, 180, 182 eine Ordnungsstrafe festgesetzt, so findet binnen der Frist von einer Woche nach der Bekanntmachung der Entscheidung Beschwerde statt, sofern die Entscheidung nicht von dem Reichsgerichte oder einem Oberlandesgerichte getroffen ist.

Die Beschwerde hat in dem Falle des § 179 keine aufschiebende Wirkung, in den Fällen des § 180 und des § 182 aufschiebende Wirkung.

Ueber die Beschwerde entscheidet das Oberlandesgericht.

Abs. 1: Im Falle des § 178 ist Beschwerde ausgeschlossen. Die „Bekanntmachung" erfolgt an anwesende Bestrafte durch mündliche Verkündung, an abwesende durch Zustellung (vgl. StPO. § 35). Auf die Beschwerde sind (wie im Falle des § 160) ZPO. §§ 567 ff. oder StPO. §§ 346 ff. nicht anwendbar. — Vgl. EG. § 10.

Abs. 2: Beschwerde gegen eine vom Amtsrichter in der Sitzung (vgl. § 182) ausgesprochene Ordnungsstrafe hat nur im Falle des § 180 aufschiebende Wirkung. Die Beschwerde, die keine aufschiebende Wirkung hat, wird aber durch Vollstreckung der Strafe nicht beseitigt. Abs. 3: Das OLG. ist auch für die Ordnungsstraffestsetzungen des Amtsrichters, Schöffengerichts oder Untersuchungsrichters Beschwerdegericht (Ausn. v. §§ 71 f.). Weitere Beschwerde ist unstatthaft.

Konstatierung im Protokoll.

§ 184. Ist eine Ordnungsstrafe wegen Ungebühr festgesetzt, oder eine Person zur Haft abgeführt, oder eine bei der Verhandlung beteiligte Person entfernt worden, so ist der Beschluß des Gerichts und dessen Veranlassung in das Protokoll aufzunehmen.

„Beschluß des Gerichts (auch des Einzelrichters in Fällen des § 182) und dessen Veranlassung" ist „in das Protokoll (ZPO. §§ 159 f., StPO. §§ 166, 186, 272 f.) aufzunehmen", um der Beschwerdeinstanz ein vollständiges Urteil über die Maßnahme zu ermöglichen. Ist die Aufnahme der Veranlassung in das Protokoll, die durch Begründung des Beschlusses oder nachträgliche Schilderung des Sachverhalts außerhalb des Protokolls nicht ersetzt wird, unterblieben, so ist der Beschluß auf Beschwerde aufzuheben.

5. Begehung strafbarer Handlungen in der Sitzung.

§ 185. Wird eine strafbare Handlung in der Sitzung begangen, so hat das Gericht den Tatbestand festzustellen und der zuständigen Behörde das darüber aufgenommene Protokoll mitzuteilen. In geeigneten Fällen ist die vorläufige Festnahme des Täters zu verfügen.

„Strafbare Handlung": z. B. Meineid, Beleidigung. „Zuständige Behörde": Regelmäßig Staatsanwaltschaft (StPO. §§ 152, 156 ff.). „Vorläufige Festnahme" (StPO. §§ 127 f.), nicht Erlassung eines Haftbefehls (StPO. §§ 112 ff., 125).

Fünfzehnter Titel.

Gerichtssprache.

Dieser Titel gilt auch in den Konsulargerichtsbezirken und Schutzgebieten (KonsGG. § 19, SchutzgebG. § 3), im Verfahren vor den Gewerbe-, Kaufmannsgerichten (GewGG. § 38 III, KfmGG. § 16), dem Patentamt (PatG. § 34), den Seeämtern und dem Ober-Seeamt (SeeUnfUntersG. vom 27. VII. 77 §§ 19, 30), im ehrengerichtlichen

Verfahren nach RAO. § 66, sowie im gerichtlichen Verfahren nach FGG. § 8 (nicht für die Beurkundung von Rechtsgeschäften: FGG. §§ 178—180).

Deutsche Sprache.

§ 186. Die Gerichtssprache ist die deutsche.

§ 186 gilt auch für Schriftsätze: Eingaben, Rechtsmittelschriften usw. in fremder Sprache bleiben unberücksichtigt und ohne Rechtswirkung. Die öffentlich-rechtlich zwingende Vorschrift ist von Amts wegen zu beachten und unterliegt weder der Verfügung noch dem Rügerecht der Parteien.

Zuziehung von Dolmetschern bei 1. Verhandlung mit nicht deutsch Sprechenden.

§ 187. Wird unter Beteiligung von Personen verhandelt, welche der deutschen Sprache nicht mächtig sind, so ist ein Dolmetscher zuzuziehen. Die Führung eines Nebenprotokolls in der fremden Sprache findet nicht statt; jedoch sollen Aussagen und Erklärungen in fremder Sprache, wenn und soweit der Richter dies mit Rücksicht auf die Wichtigkeit der Sache für erforderlich erachtet, auch in der fremden Sprache in das Protokoll oder in eine Anlage niedergeschrieben werden. In den dazu geeigneten Fällen soll dem Protokolle eine durch den Dolmetscher zu beglaubigende Uebersetzung beigefügt werden.

Die Zuziehung eines Dolmetschers kann unterbleiben, wenn die beteiligten Personen sämtlich der fremden Sprache mächtig sind.

Abs. 1: Daß einem (nach richterlichem Ermessen) der deutschen Sprache nicht mächtigen Angeklagten der Gegenstand der Verhandlung mit allen wesentlichen Verhandlungsakten (vgl. StPO. § 258) durch den Dolmetscher bekannt gegeben, daß der Dolmetscher schon bei der Bildung der Geschworenenbank zugezogen ist u. dgl. m., ist samt dem Namen des zugezogenen Dolmetschers (ZPO. § 159 II², StPO. § 272²) im Protokoll festzustellen. Dolmetscher erhalten Entschädigung als Sachverständige (ZGebO. § 13 II).

Abs. 2: „Die beteiligten Personen sämtlich": Also alle richterlichen Mitglieder, Schöffen, Geschworene, Gerichtsschreiber, Staatsanwalt, Beklagter oder Angeklagter, Verteidiger, Kläger, Privatkläger, Nebenkläger usw.

2. Verhandlung mit Tauben oder Stummen.

§ 188. Zur Verhandlung mit tauben oder stummen Personen ist, sofern nicht eine schriftliche Verständigung erfolgt, eine Person als Dolmetscher zuzuziehen, mit deren Hilfe die Verständigung in anderer Weise erfolgen kann.

„Taube": u. U. auch Schwerhörige; ebensowenig ist völlige Stummheit erforderlich, auch Sprachfehler, die die Verständlichmachung erheblich beeinträchtigen, rechtfertigen eine Dolmetscherzuziehung. Bei Taubstummen muß Frage wie Antwort schriftlich erfolgen. (Vgl. auch FGG. §§ 169, 178.) Bei Tauben dagegen, die sich durch die Sprache verständlich machen können, genügen schriftliche Fragen zur mündlichen Beantwortung und umgekehrt bei Stummen mündliche Fragen und schriftliche Antwort (einseitig „schriftliche Verständigung"). Einem tauben Angeklagten müssen selbst bei Anwesenheit eines Verteidigers alle hörbaren Vorgänge der Verhandlung (wie Zeugenaussagen usw.) schriftlich mitgeteilt werden (vgl. § 187 I Anm.); ein Verzicht hierauf ist unwirksam. Eidesleistung Stummer: ZPO. § 483, StPO. § 63. Gebühren der Dolmetscher: ZGebO. § 13 II.

Gestattung des Vortrages Tauber oder nicht deutsch Sprechender.

§ 189. Ob einer Partei, welche taub ist, bei der mündlichen Verhandlung der Vortrag zu gestatten sei, bleibt dem Ermessen des Gerichts überlassen.

Dasselbe gilt in Anwaltsprozessen von einer Partei, die der deutschen Sprache nicht mächtig ist.

Abs. 2: „Anwaltsprozeß": ZPO. § 78 I. In amtsgerichtl. Prozessen ist, wenn eine nicht deutsch sprechende Partei den Vortrag begehrt, ein Dolmetsch zuzuziehen (§ 187).

Eidesleistung in fremder Sprache.

§ 190. Personen, welche der deutschen Sprache nicht mächtig sind, leisten Eide in der ihnen geläufigen Sprache.

„Eide": Zeugen-, Sachverständigen-, Parteieide. Eidesleistung Stummer: ZPO. § 483, StPO. § 63.

Dolmetscher-Eid.

§ 191. Der Dolmetscher hat einen Eid dahin zu leisten:

daß er treu und gewissenhaft übertragen werde.

Ist der Dolmetscher für Uebertragungen der betreffenden Art im allgemeinen beeidigt, so genügt die Berufung auf den geleisteten Eid.

Abs. 1: Form der Abnahme des Eides: ZPO. §§ 478 ff., StPO. §§ 59, 62 ff., 72.
Abs. 2: Vgl. ZPO. § 410 II, StPO. § 79 II.

Gerichtsschreiber als Dolmetscher.

§ 192. Der Dienst des Dolmetschers kann von dem Gerichtsschreiber wahrgenommen werden. Einer besonderen Beeidigung bedarf es nicht.

Nur der in der Verhandlung fungierende Gerichtsschreiber kann zugleich als Dolmetscher fungieren, ohne als solcher vereidigt zu sein (§ 191). Sachverständigen-Gebühren erhält er nicht (ZGebO. § 13 II).

Ausschließung und Ablehnung von Dolmetschern.

§ 193. Auf den Dolmetscher finden die Bestimmungen über Ausschließung und Ablehnung der Sachverständigen entsprechende Anwendung. Die Entscheidung erfolgt durch das Gericht oder den Richter, von welchem der Dolmetscher zugezogen ist.

ZPO. §§ 41 f., 406, StPO. §§ 22, 24, 74.

Sechzehnter Titel.

Beratung und Abstimmung.

Die Vorschriften gelten auch in den Konsulargerichtsbezirken und Schutzgebieten (KonsGG. § 19, SchutzgebG. § 3), im Verfahren vor dem Gewerbe-, Kaufmannsgericht (GewGG. § 53 III, KfmGG. § 16 I), den Seeämtern und dem Ober-Seeamt (SeeUnfUntersG. vom 27. VII. 77 §§ 19, 30), im ehrengerichtlichen Verfahren (RAO. § 66) sowie im gerichtlichen Verfahren nach § 8 FGG.

Richterzahl. Zuziehung von Ergänzungsrichtern.

§ 194. Bei Entscheidungen dürfen Richter nur in der gesetzlich bestimmten Anzahl mitwirken.

Bei Verhandlungen von längerer Dauer kann der Vorsitzende die Zuziehung von Ergänzungsrichtern anordnen, welche der Verhandlung beizuwohnen und im Falle der Verhinderung eines Richters für denselben einzutreten haben.

Die vorstehenden Bestimmungen finden auch auf Schöffen und Geschworene Anwendung.

Abs. 1: Also weder mehr noch weniger; sonst Revisionsgrund: ZPO. § 551 [1], StPO. § 377 [1]; oder Richtigkeitsklage: ZPO. § 579 [1].

„Gesetzlich bestimmte Anzahl": §§ 22 I, 26, 77, 81, 89, 91, 109, 124, 139 f. Vgl. auch § 17 II².

Abs. 2: Die Ergänzungsrichter müssen der ganzen „Verhandlung" (nicht Beratung und Abstimmung: § 195) als Richter beiwohnen und sind zur Fragestellung berechtigt (ZPO. §§ 139 III, 396 III, StPO. § 239 I, RG. i. Str. XXVII 172). Zuziehung eines nur als Zuhörer Anwesendgewesenen ist unzulässig. „Fall der Verhinderung": Der Grund der (tatsächlichen, z. B. Krankheit, oder rechtlichen, z. B. nachträgliches Bekanntwerden eines Ausschließungsgrundes) Verhinderung ist gleichgültig, ebenso, ob sie eine verschuldete, eine längere usw. ist; Ausbleiben bei Wiederbeginn der Sitzung genügt (RG. i. Str. XXX 226).

Abs. 3: Ergänzungsschöffen: § 49; Ergänzungsgeschworene: StPO. § 285. Ueber Notwendigkeit des Eintritts eines Ergänzungsgeschworenen entscheidet das Gericht (nicht der Vorsitzende) ohne förmliche Verhandlung hierüber nach freiem Ermessen.

Geheime Beratung und Abstimmung.

§ 195. Bei der Beratung und Abstimmung dürfen außer den zur Entscheidung berufenen Richtern nur die bei demselben Gerichte zu ihrer juristischen Ausbildung beschäftigten Personen zugegen sein, soweit der Vorsitzende deren Anwesenheit gestattet.

Fassung vom 5. IV. 88. — „Bei der Beratung und Abstimmung" über Urteile oder Beschlüsse dürfen die bei dem gleichen Gerichte beschäftigten Rechtspraktikanten oder Referendare (§ 2 III) zugegen sein, auch wenn sie in der Sache als Protokollführer mitwirken; im übrigen ist die Anwesenheit der Gerichtsschreiber ebenso unstatthaft wie die der Aufsichtsbeamten (anders § 176 III). Leise Beratung und Abstimmung im Sitzungssaal ist zulässig, in einfachen Sachen auch unbedenklich (RG. i. Str. XXII 397, XXX 226, XLII 86 u. a.). Im Beratungszimmer darf keine Beweisaufnahme stattfinden.

Leitung der Beratung.

§ 196. Der Vorsitzende leitet die Beratung, stellt die Fragen und sammelt die Stimmen.

Meinungsverschiedenheiten über den Gegenstand, die Fassung und die Reihenfolge der Fragen oder über das Ergebnis der Abstimmung entscheidet das Gericht.

Abs. 1: Vgl. StPO. § 304 (Obmann der Geschworenen).

Abs. 2: Die Meinungsverschiedenheiten sind in den Entscheidungsgründen nicht erkennbar zu machen.

Unzulässigkeit der Abstimmungsverweigerung.

§ 197. Kein Richter, Schöffe oder Geschworener darf die Abstimmung über eine Frage verweigern, weil er bei der Abstimmung über eine vorhergegangene Frage in der Minderheit geblieben ist.

Ein Richter, der z. B. für Nichtschuldig stimmt, in der Schuldfrage aber überstimmt wird, muß gleichwohl bei der Straffestsetzung mitstimmen. Zunächst ist über den höheren Schuldgrad einer Straftat und, wenn sich hierfür keine Majorität ergibt, über den minderen Schuldgrad (z. B. zunächst über Raub, dann über Diebstahl, sodann über Hehlerei, Uebertretung nach StGB. § 370 [5] u. dgl.) abzustimmen, wobei die Gerichtsmitglieder, die für den 1. Schuldgrad stimmen, aber überstimmt werden, sich denen anschließen müssen, welche den 2. Schuldgrad annehmen usf.

Absolute Stimmenmehrheit.

§ 198. Die Entscheidungen erfolgen, soweit das Gesetz nicht ein anderes bestimmt, nach der absoluten Mehrheit der Stimmen.

Bilden sich in Beziehung auf Summen, über welche zu entscheiden ist, mehr als zwei Meinungen, deren keine die Mehrheit für sich hat, so werden die für die größte Summe abgegebenen Stimmen den für die zunächst geringere abgegebenen so lange hinzugerechnet, bis sich eine Mehrheit ergibt.

Bilden sich in einer Strafsache, von der Schuldfrage abgesehen, mehr als zwei Meinungen, deren keine die Mehrheit für sich hat, so werden die dem Beschuldigten nachteiligsten Stimmen den zunächst minder nachteiligen so lange hinzugerechnet, bis sich eine Mehrheit ergibt.

Wegen Verletzung der §§ 198, 199 kann ein Urteil nur angefochten werden, wenn es selbst die Verletzung feststellt (RG. i. Z. XXXVIII 412).

Abs. 1: Bejahung der Schuldfrage im Strafprozeß (einschließlich besonderer gesetzlicher Strafschärfungs- und Verneinung besonderer Strafausschließungs- oder Strafmilderungsgründe, nicht Bejahung des Rückfalls oder Verneinung der Verjährung) erfordert Zweidrittelmehrheit (StPO. § 262), Verneinung der mildernden Umstände nur absolute Mehrheit (vgl. StPO. §§ 266 III, 297 II, 307 II), § 317 I StPO. Einstimmigkeit. Ueber mildernde Umstände und ges. Strafmilderungs- und Strafschärfungsgründe ist getrennt von der im übrigen ungeteilt zur Abstimmung zu bringenden (Straf-) Schuldfrage abzustimmen: über ges. Strafaufhebungsgründe kann besonders abgestimmt werden (vgl. StPO. §§ 295, 297).

Abs. 2 bezieht sich auf den Zivilprozeß und Bußansprüche im Strafprozeß.

Abs. 3: Bezüglich der Schuldfrage s. Anm. zu Abs. 1 und § 197.

Reihenfolge der Abstimmung.

§ 199. Die Reihenfolge bei der Abstimmung richtet sich nach dem Dienstalter, bei den Schöffengerichten und den Kammern für Handelssachen nach dem Lebensalter; der Jüngste stimmt zuerst, der Vorsitzende zuletzt. Wenn ein Berichterstatter ernannt ist, so gibt dieser seine Stimme zuerst ab.

Bei der Abstimmung der Geschworenen richtet sich die Reihenfolge nach der Auslosung. Der Obmann stimmt zuletzt.

Wegen Nichtbefolgung dieser Vorschrift wie des § 198 (s. Anm. dortselbst) kann eine Entscheidung regelmäßig nicht angefochten werden.

Bewahrung des Amtsgeheimnisses.

§ 200. Schöffen und Geschworene sind verpflichtet, über den Hergang bei der Beratung und Abstimmung Stillschweigen zu beobachten.

Also insoweit auch keine Zeugnispflicht. Die gleiche Amtspflicht zur Amtsverschwiegenheit haben die Richter (einschließlich Handelsrichter: § 116). Vgl. § 1 Anm.

Siebenzehnter Titel.

Gerichtsferien.

Der 17. Titel gilt nur für die ordentl. streit. Gerichtsbarkeit (§ 12, EG. § 2) im Reichsgebiet, nicht in den Konsulargerichtsbezirken und Schutzgebieten: auf Streitigkeiten vor den Gewerbe-, Kaufmannsgerichten usw. sind die Ferien ohne Einfluß. (S. auch § 204 Anm.). — Wegen Sonn- und Feiertage s. ZPO. §§ 188 I (Zustellungen), 216 III (Termine), 222 II, III (Fristablauf), 761 I (Vollstreckungshandlungen), StPO. § 43 II (Fristablauf).

Zeitdauer der Gerichtsferien.

§ 201. Die Gerichtsferien beginnen am 15. Juli und endigen am 15. September.

Der 15. Juli und der 15. September fallen bereits bzw. noch in die Gerichtsferien.

ZPO. § 223 (Lauf der prozessualen Fristen).*)
In der StPO. fehlt eine ähnliche Bestimmung, weil alle Strafsachen Feriensachen sind (§ 202 [1]).

Feriensachen.

§ 202. Während der Ferien werden nur in Feriensachen Termine abgehalten und Entscheidungen erlassen.

Feriensachen sind:

1. Strafsachen;
2. Arrestsachen und die eine einstweilige Verfügung betreffenden Sachen;
3. Meß- und Marktsachen;
4. Streitigkeiten zwischen dem Vermieter und dem Mieter oder Untermieter von Wohnräumen oder anderen Räumen oder zwischen dem Mieter und dem Untermieter solcher Räume wegen Ueberlassung, Benutzung oder Räumung, sowie wegen Zurückhaltung der von dem Mieter oder dem Untermieter in die Mietsräume eingebrachten Sachen;

4a. Streitigkeiten zwischen Dienstherrschaft und Gesinde, zwischen Arbeitgebern und Arbeitern hinsichtlich des Dienst- oder Arbeitsverhältnisses, sowie die im § 4 Abs. 1 Nr. 1—4 des Gewerbegerichtsgesetzes (Reichs-Gesetzbl. 1901 S. 353) und im § 5 Nr. 1—4 des Gesetzes, betreffend Kaufmannsgerichte, vom 6. Juli 1904 (Reichs-Gesetzbl. S. 266) bezeichneten Streitigkeiten;

4b. Ansprüche aus dem außerehelichen Beischlafe;

5. Wechselsachen;
6. Bausachen, wenn über Fortsetzung eines angefangenen Baues gestritten wird.

In dem Verfahren vor den Amtsgerichten hat das Gericht auf Antrag auch andere Sachen als Ferien-

---

*) ZPO. § 223 lautet: Der Lauf einer Frist wird durch die Gerichtsferien gehemmt. Der noch übrige Teil der Frist beginnt mit dem Ende der Ferien zu laufen. Fällt der Anfang der Frist in die Ferien, so beginnt der Lauf der Frist mit dem Ende derselben.

Die vorstehenden Bestimmungen finden auf Notfristen und Fristen in Feriensachen keine Anwendung.

Notfristen sind nur diejenigen Fristen, welche in diesem Gesetz als solche bezeichnet werden.

sachen zu bezeichnen. Werden in einer Sache, die durch Beschluß des Gerichts als Feriensache bezeichnet ist, in einem Termine zur mündlichen Verhandlung einander widersprechende Anträge gestellt, so ist der Beschluß aufzuheben, sofern die Sache nicht besonderer Beschleunigung bedarf.

In dem Verfahren vor den Landgerichten sowie in dem Verfahren in den höheren Instanzen soll das Gericht auf Antrag auch solche Sachen, welche nicht unter die Vorschrift des Abs. 1 fallen, soweit sie besonderer Beschleunigung bedürfen, als Feriensachen bezeichnen. Die Bezeichnung kann vorbehaltlich der Entscheidung des Gerichts durch den Vorsitzenden erfolgen.

§ 202 ist geändert und ergänzt durch Novelle vom 17. V. 98 und 1. VI. 09.

Abs. 1: Urteile oder Beschlüsse sachlichen Inhalts (im Gegensatz zu prozeßleitenden Verfügungen, wie Terminsanberaumung u. dgl.) dürfen in Nichtferiensachen während der Ferien nicht erlassen werden (zwingende Vorschrift), widrigenfalls in der Rechtsmittelinstanz Aufhebung und Zurückverweisung an die Vorinstanz.

Abs. 2: Feriensachen sind außerdem Streitigkeiten wegen a) gegenseitiger Störung elektrischer Anlagen (TelG. vom $\frac{6.\ \text{IV.}\ 92}{17.\ \text{III.}\ 08}$ §§ 12 f.), b) Regreßansprüche aus Schecks (ScheckG. vom 11. III. 08 § 28 III).

Nr. 2: ZPO. §§ 916 ff., 708 [5].

Nr. 3: ZPO. §§ 30, 217, 262, 498.

Nr. 4: § 23 Nr. 2, ZPO. § 709 [1]. Nicht auf Pachtverhältnisse anwendbar.

Nr. 4a: § 23 Nr. 2, ZPO. § 709 [2].

GewGG. § 4 Abs. 1 Nr. 1—4 lautet: Die Gewerbegerichte sind ohne Rücksicht auf den Wert des Streitgegenstandes zuständig für Streitigkeiten:

1. über den Antritt, die Fortsetzung oder die Auflösung des Arbeitsverhältnisses, sowie über die Aushändigung oder den Inhalt des Arbeitsbuchs, Zeugnisses, Lohnbuchs, Arbeitszettels oder Lohnzahlungsbuchs,
2. über die Leistungen aus dem Arbeitsverhältnisse,
3. über die Rückgabe von Zeugnissen, Büchern, Legitimationspapieren, Urkunden, Gerätschaften, Kleidungsstücken, Kautionen und dergleichen, welche aus Anlaß des Arbeitsverhältnisses übergeben worden sind,
4. über Ansprüche auf Schadensersatz oder auf Zahlung einer Vertragsstrafe wegen Nichterfüllung oder nicht gehöriger Erfüllung

der Verpflichtungen, welche die unter Nr. 1—3 bezeichneten Gegenstände betreffen, sowie wegen gesetzwidriger oder unrichtiger Eintragungen in Arbeitsbücher, Zeugnisse, Lohnbücher, Arbeitszettel, Lohnzahlungsbücher, Krankenkassenbücher oder Quittungskarten der Invalidenversicherung.

KfmGG. § 5 Nr. 1—4 entspricht dem GewGG. § 4 I[1]—[4].

Nr. 4b: § 23 Nr. 2, ZPO. § 708[6].

Nr. 5: § 101[2], ZPO. §§ 602 ff., 708[4]. Die Klage aus dem Wechsel braucht nicht im Wechselprozeß erhoben zu sein.

Abs. 3, 4: Die Bezeichnung als Feriensache erfolgt vor oder während der Ferien. Der Antrag braucht nicht ausdrücklich gestellt zu werden, sondern kann sich aus den Umständen ergeben (RG. i. Z. LV 327). Nur gegen einen die Bezeichnung als Feriensache ablehnenden oder aufhebenden (nicht den die Sache als Feriensache bezeichnenden, wenn auch erst vom Beschwerdegericht erlassenen) Beschluß ist Beschwerde statthaft (ZPO. § 567).

Ferienkammer, Feriensenat.

§ 203. Zur Erledigung der Feriensachen können bei den Landgerichten Ferienkammern, bei den Oberlandesgerichten und dem Reichsgerichte Feriensenate gebildet werden.

§§ 61—63, 121, 133 finden entsprechende Anwendung.

Einflußlosigkeit der Ferien.

§ 204. Auf das Kostenfestsetzungsverfahren, das Mahnverfahren, das Zwangsvollstreckungsverfahren und das Konkursverfahren sind die Ferien ohne Einfluß.

Kostenfestsetzungsverfahren (durch Novelle vom 1. VI. 09 hinzugefügt) **einschließlich Verf. auf Erinnerung gegen den Festsetzungsbeschluß des Gerichtsschreibers und Beschwerdeverf.:** ZPO. §§ 91, 103 ff., **Mahnverf.:** ZPO. §§ 688 ff., **Zwangsvollstreckung:** ZPO. §§ 704 ff., **einschließlich Verteilungsverf.:** ZPO. §§ 872 ff., **weshalb der Lauf der Monatsfrist für die Widerspruchsklage** (ZPO. § 878) **durch die Ferien nicht gehemmt wird; Konkursverf.:** KO. §§ 71 ff., **auch gerichtliches Verfahren nach** FGG. § 10.

Einführungsgesetz zum Gerichtsverfassungsgesetze

vom 27. Januar 1877.

Wir Wilhelm, von Gottes Gnaden Deutscher Kaiser, König von Preußen usw.

verordnen im Namen des Deutschen Reichs, nach erfolgter Zustimmung des Bundesrats und des Reichstags, was folgt:

Inkrafttreten.

§ 1. Das Gerichtsverfassungsgesetz tritt im ganzen Umfange des Reichs an einem durch Kaiserliche Verordnung mit Zustimmung des Bundesrats festzusetzenden Tage, spätestens am 1. Oktober 1879, gleichzeitig mit der im § 2 des Einführungsgesetzes der Zivilprozeßordnung vorgesehenen Gebührenordnung in Kraft.

Gerichtskostenges. v. 18. VI. 78 }
GebO. f. Gerichtsvollzieher v. 24. VI. 78 }
GebO. f. Zeugen u. Sachverständ. v. 30. VI. 78 }
GebO. f. Rechtsanwälte v. 7. VII. 79 }

Neufassung v. 20. V. 98. **Gerichtskostengesetz und GebO. f. RA. sind wieder abgeändert durch Nov. v. 1. VI. 09 (in Kraft 1. IV. 10), RGZuständG. v. 22. V. 10.**

Sachliches Anwendungsgebiet.

§ 2. Die Vorschriften des Gerichtsverfassungsgesetzes finden nur auf die ordentliche streitige Gerichtsbarkeit und deren Ausübung Anwendung.

„Ordentl. streit. Gerichtsbarkeit": **Gerichtsbarkeit der ordentl. Gerichte in bürgerl. Rechtsstreitigkeiten und Strafsachen (GVG. §§ 12 f.). Nicht anwendbar ist das GVG. auf**

a) die streit. Gerichtsbarkeit der besonderen Gerichte, wenn sie nicht gem. EG. § 3 I den ordentlichen Gerichten übertragen ist,

b) die nicht streitige Gerichtsbarkeit,

c) die Justizverwaltung.

Uebertragung der Gerichtsbarkeit der zugelassenen Sondergerichte auf die ordentlichen Gerichte.

§ 3. Die Gerichtsbarkeit in bürgerlichen Rechtsstreitigkeiten und Strafsachen, für welche besondere Gerichte zugelassen sind, kann den ordentlichen Landesgerichten durch die Landesgesetzgebung übertragen werden. Die Uebertragung darf nach anderen als den durch das Gerichtsverfassungsgesetz vorgeschriebenen Zuständigkeitsnormen erfolgen.

Auch kann die Gerichtsbarkeit letzter Instanz in den vorerwähnten Sachen auf Antrag des betreffenden Bundesstaates mit Zustimmung des Bundesrats durch Kaiserliche Verordnung dem Reichsgerichte übertragen werden.

Insoweit für bürgerliche Rechtsstreitigkeiten ein von den Vorschriften der Zivilprozeßordnung abweichendes Verfahren gestattet ist, kann die Zuständigkeit der ordentlichen Landesgerichte durch die Landesgesetzgebung nach anderen als den durch das Gerichtsverfassungsgesetz vorgeschriebenen Normen bestimmt werden.

Abs. 1: GVG. §§ 13, 14 (reichsgesetzlich zugelassene besondere Gerichte). Die Uebertragung ist z. B. bezüglich der Rheinschiffahrts- und Elbzollgerichte (GVG. § 14[1]) erfolgt.

Die Landesgesetzgebung kann für solche den ordentl. Gerichten übertragene Sachen ein von der ZPO. und StPO. abweichendes Verfahren bestimmen (EGzZPO. § 3 II. EGzStPO. § 3 II).

Abs. 2: Für Preußen, Hessen u. a. s. VO. vom 26. IX. 79 (RGBl. S. 287 ff.).

Abs. 3: EGzZPO. §§ 11, 15 f.

Uebertragung sonstiger Geschäfte auf die ordentlichen Gerichte. Trennung von Justiz und Verwaltung.

§ 4. Durch die Vorschriften des Gerichtsverfassungsgesetzes über die Zuständigkeit der Behörden wird die Landesgesetzgebung nicht gehindert, den betreffenden Landesbehörden jede andere Art der Gerichtsbarkeit, sowie Geschäfte der Justizverwaltung zu übertragen.

Andere Gegenstände der Verwaltung dürfen den ordentlichen Gerichten nicht übertragen werden.

„Jede andere Art der Gerichtsbarkeit", z. B. die nicht streitige, Verwaltungsgerichtsbarkeit.

„Den ordentlichen Gerichten" (Satz 2) als solchen, wohl aber einzelnen Gerichtsmitgliedern.

Landesherrliche Familien usw.

§ 5. In Ansehung der Landesherren und der Mitglieder der landesherrlichen Familien, sowie der Mitglieder der Fürstlichen Familie Hohenzollern finden die Bestimmungen des Gerichtsverfassungsgesetzes nur insoweit Anwendung, als nicht besondere Vorschriften der Hausverfassungen oder der Landesgesetze abweichende Bestimmungen enthalten. Das gleiche gilt in Ansehung der Mitglieder des vormaligen Hannoverschen Königshauses, des vormaligen Kurhessischen und des vormaligen Herzoglich Nassauischen Fürstenhauses.

Vgl. EGzBGB. Art. 57, EGzZPO. § 5, EGzStPO. § 4.

„Besondere Vorschriften" können auch künftighin neu erlassen werden; sie gelten jedoch nur vor den Gerichten des eigenen Landes, nicht außerhalb des betr. Bundesstaats. „Landesgesetze" i. w. S. = Rechtsnormen jeder Art (vgl. EGzZPO. § 12, EGzStPO. § 7). Satz 2 ist durch Art. II Novelle vom 17. V. 98 (in Kraft 1. I. 00) hinzugefügt. § 5 gilt jetzt auch für Mitglieder des Herzogl. Holsteinischen Fürstenhauses (RG. vom 25. III. 04, betr. die Rechtsstellung des Herzogl. Holst. Fürstenhauses, RGBl. S. 149).

Zuständigkeit der Schwurgerichte für Preßdelikte.

§ 6. Unberührt bleiben die bestehenden landesgesetzlichen Vorschriften über die Zuständigkeit der Schwurgerichte für die durch die Presse begangenen strafbaren Handlungen.

PreßG. vom 7. V. 74 §§ 2 f.

Unberührt geblieben sind nur die „bestehenden", d. h. vor dem Inkrafttreten des GVG. (1. X. 79) erlassenen, Landesgesetze, und zwar in Bayern, Württemberg, Baden und Oldenburg. Die reichsgerichtliche Zuständigkeit (§ 136[1]) erleidet jedoch keine Einschränkung.

Militärgerichtsbarkeit. Standesherrliche Austrägalgerichte.

§ 7. Die Militärgerichtsbarkeit, sowie das landesgesetzlich den Standesherren gewährte Recht auf Austräge werden durch das Gerichtsverfassungsgesetz nicht berührt.

Die Militärgerichtsbarkeit beschränkt sich — wie das landesgesetzlich etwa bestehende Recht der Standesherren (d. h. der Häupter — nicht auch der sonstigen Mitglieder — der Familien der mittelbar gewordenen, vormals reichsständischen deutschen Reichsfürsten und Grafen) auf Austräge — auf Strafsachen (RMilG. vom 2. V. 74 § 39 I; MStGO. vom 1. XII. 98 §§ 1 ff.).
Die ordentl. Gerichte haben in jedem Stadium des Verfahrens von Amts wegen zu prüfen, ob etwa die MilGerichtsbark. begründet ist, und gegebenenfalls durch Beschluß ihre Unzuständigkeit auszusprechen.

Oberstes Landesgericht für Revisionen in bürgerlichen Rechtsstreitigkeiten.

§ 8. Durch die Gesetzgebung eines Bundesstaates, in welchem mehrere Oberlandesgerichte errichtet werden, kann die Verhandlung und Entscheidung der zur Zuständigkeit des Reichsgerichts gehörenden Revisionen in bürgerlichen Rechtsstreitigkeiten einem obersten Landesgerichte zugewiesen werden.

Diese Vorschrift findet jedoch auf bürgerliche Rechtsstreitigkeiten, welche zur Zuständigkeit des Reichs-Oberhandelsgerichts gehören oder durch besondere Reichsgesetze dem Reichsgerichte zugewiesen werden, keine Anwendung.

Abs. 1: Durch RGZuständG. vom 22. V. 10 Art. II. sind die früheren Worte „und Beschwerden" hinter „Revisionen" gestrichen, da das RG. in bürgerlichen Rechtsstreitigkeiten nicht mehr Beschwerdegericht ist (vgl. GVG. § 135).
Auf Sachsen findet § 8 keine Anwendung (Ges. über den Sitz des Reichsgerichts vom 11. IV. 77 § 1). Ein oberstes Landesgericht, das zu den ordentlichen Gerichten gehört (EG. § 10 I), besteht nur in Bayern. — EGzZPO. §§ 7 f. (Vorschr. über das Verfahren bei dem oberst. LG.).

Abs. 2: Das frühere Reichs-Oberhandelsgericht war bis zum Uebergang seiner Geschäfte auf das Reichsgericht (1. X. 79; EG. § 14) Rechtsmittelinstanz für einen Teil der ordentlichen streitigen Zivilgerichtsbarkeit, insbesondere Handels-, Urheberrechts-, Patent-, Haftpflichtsachen usw., soweit damals ein einheitl. deutsches Reichszivilrecht bestand. Die ausschließliche Zuständigkeit des Reichsgerichts ist seitdem mit der Ausdehnung des Reichszivilrechts „durch bes. Reichsgesetze" erheblich erweitert, namentlich auf alle auf Grund des BGB. durch Klage oder Widerklage geltend gemachten Ansprüche (Art. 6 EGzBGB.), Anfechtungsansprüche nach der KO.

oder dem Anfechtungsges. vom $\frac{21. \text{VII}. 79}{20. \text{V}. 98}$ (Art. IX EG. z. Ges., betr. Aenderungen der KO. vom 17. V. 98) usw. erstreckt und damit die Anwendbarkeit des § 8 ebenso beträchtlich eingeschränkt worden.

Oberlandesgericht oder oberstes Landesgericht für Revisionen und Beschwerden in Strafsachen.

§ 9. Durch die Gesetzgebung eines Bundesstaates, in welchem mehrere Oberlandesgerichte errichtet werden, kann die Verhandlung und Entscheidung der zur Zuständigkeit der Oberlandesgerichte gehörenden Revisionen und Beschwerden in Strafsachen ausschließlich einem der mehreren Oberlandesgerichte oder an Stelle eines solchen Oberlandesgerichts dem obersten Landesgerichte zugewiesen werden.

§ 9 ist durch Novelle vom 17. V. 98 (in Kraft 1. I. 00) Art. III geändert.

Zuständigkeit des OLG.: GVG. § 123 [2], [3], [5]; nicht hierher gehören § 160, StPO. §§ 4, 12—15, 19, 27, 170. Ein oberst. LG. besteht nur in Bayern (EG. § 8). In Preußen ist das Kammergericht Berlin zuständig für Revision und Beschwerden gegen Entsch. der Strafk. bei Verletzung des Landesstrafrechts (AG. vom 24. IV. 78 § 50).

Besetzung, Geschäftsverteilung usw. des obersten Landesgerichts.

§ 10. Die allgemeinen, sowie die in den §§ 126, 132, 133, 134, 183 Abs. 1 enthaltenen besonderen Vorschriften des Gerichtsverfassungsgesetzes finden auf die obersten Landesgerichte als Behörden der ordentlichen streitigen Gerichtsbarkeit entsprechende Anwendung. Das gleiche gilt, sofern ein Zivilsenat des obersten Landesgerichts von der Entscheidung eines anderen Zivilsenats oder der vereinigten Zivilsenate abweichen will, in Ansehung der Vorschriften der §§ 137, 139 des Gerichtsverfassungsgesetzes.

Die Besetzung der Senate bestimmt sich in Strafsachen nach § 124, in bürgerlichen Rechtsstreitigkeiten nach § 140 des Gerichtsverfassungsgesetzes.

Auf die Besetzung der Zivilsenate des obersten Landesgerichts findet in Grundbuchsachen, sowie in den nach § 199 des Gesetzes über die Angelegenheiten der freiwilligen Gerichtsbarkeit dem obersten Landesgerichte zugewiesenen Angelegenheiten der § 124 des Gerichtsverfassungsgesetzes Anwendung.

§ 10 ist wie § 9 durch Art. III der Novelle vom 17. V. 98 geändert.

Abs. 1 Satz 1: Die „allgemeinen", d. h. in Tit. 1, 2, 11—17 GVG. enthaltenen, und die in den einzeln aufgezählten Paragraphen für das Reichsgericht enthaltenen besonderen Vorschriften des GVG. sind auf die Zivil- und Strafsenate (EG. §§ 8, 9) des oberst. LG. anzuwenden. Für den Zivilprozeß vgl. EGzZPO. §§ 3 I, 7 f.

Abs. 1 Satz 2: Auf Strafsenate des oberst. LG. sind §§ 137, 139 GVG. unanwendbar.

Abs. 2 f.: Strafsenate entscheiden in der Besetzung von 5, Zivilsenate in der Besetzung von 7, in den im Abs. 3 bezeichneten Angelegenheiten (der freiwilligen Gerichtsbarkeit, Grundbuchsachen [GBO. § 102]) dagegen von 5 Mitgliedern.

Verfolgung öffentlicher Beamten. Vorentscheidung.

§ 11. Die landesgesetzlichen Bestimmungen, durch welche die strafrechtliche oder zivilrechtliche Verfolgung öffentlicher Beamten wegen der in Ausübung oder in Veranlassung der Ausübung ihres Amts vorgenommenen Handlungen an besondere Voraussetzungen gebunden ist, treten außer Kraft.

Unberührt bleiben die landesgesetzlichen Vorschriften, durch welche die Verfolgung der Beamten entweder im Falle des Verlangens einer vorgesetzten Behörde oder unbedingt an die Vorentscheidung einer besonderen Behörde gebunden ist, mit der Maßgabe:

1. daß die Vorentscheidung auf die Feststellung beschränkt ist, ob der Beamte sich einer Ueberschreitung seiner Amtsbefugnisse oder die Unterlassung einer ihm obliegenden Amtshandlung schuldig gemacht habe;
2. daß in den Bundesstaaten, in welchen ein oberster Verwaltungsgerichtshof besteht, die Vorentscheidung diesem, in den anderen Bundesstaaten dem Reichsgerichte zusteht.

Abs. 1: „Besondere Voraussetzungen", z. B. Genehmigung der vorgesetzten Dienstbehörde, die den Schutz der Beamten gegen sonst zulässige gerichtliche Inanspruchnahme bezwecken. Unberührt bleiben dagegen landesgesetzliche Vorschriften über Abgrenzung der Zuständigkeit zwischen Gerichten und Verwaltungsbehörden oder über materiellrechtl. Voraussetzungen klagbarer Ansprüche gegen Beamte. GVG. § 13; BGB. § 839, EGzBGB. Art. 77.

Abs. 2: Neueinführung solcher Vorschriften ist unstatthaft.

„Beamte“: hier nur Landesbeamte. Wegen der Reichsbeamten s. § 13 ReichsbeamtenG. vom $\frac{31. III. 73}{18. V. 07}$.

Nr. 1: Vorentscheidung nur darüber, ob objektive Ueberschreitung der Amtsbefugnisse usw. vorliegt; über Schuld- oder Strafausschließungsgründe entscheidet das Gericht (RGE. i. Str. X 385).

Nr. 2: Reichsgericht: Zivil- oder Strafsenat (RG. i. Str. XVI 197, i. Ziv. LXIV 249). Ein oberster Verwaltungsgerichtshof besteht in Preußen, Bayern, Baden.

§ 12. (Aufgehoben durch Gesetz v. 12. VI. 89, RGBl. S. 95).

Richterdisziplinargesetze; Inkrafttreten des § 8 GVG.

§ 13. Die Bestimmungen über das Richteramt im § 8 des Gerichtsverfassungsgesetzes treten in denjenigen Staaten, in welchen Vorschriften für die richterliche Entscheidung über die Enthebung eines Richters vom Amte oder über die Versetzung eines Richters an eine andere Stelle oder in Ruhestand nicht bestehen, nur gleichzeitig mit der landesgesetzlichen Regelung der Disziplinarverhältnisse der Richter in Wirksamkeit.

Uebergang der Geschäfte des Reichs-Oberhandelsgerichts auf das Reichsgericht.

§ 14. Die am Tage des Inkrafttretens des Gerichtsverfassungsgesetzes bei dem Reichs-Oberhandelsgerichte anhängigen Sachen gehen in der prozessualischen Lage, in welcher sie sich befinden, auf das Reichsgericht über.

Zuweisung der Geschäfte oberster Landesgerichte an das Reichsgericht.

§ 15. Durch Kaiserliche Verordnung kann auf Antrag eines Bundesstaates und mit Zustimmung des Bundesrats die Verhandlung und Entscheidung derjenigen Sachen, welche nach den bisherigen Prozeßgesetzen von dem obersten Landesgerichte zu erledigen gewesen wären, dem Reichsgerichte zugewiesen werden.

VO. vom 26. IX. 79 (RGBl. S. 287 ff.).

Hilfssenate des Reichsgerichts für die ihm nach § 15 zugewiesenen Sachen.

§ 16. Behufs Erledigung der nach Vorschrift des vorstehenden Paragraphen dem Reichsgerichte zugewiesenen Sachen können mit Zustimmung des Bundesrats durch Kaiserliche Verordnung bei dem Reichsgerichte Hilfssenate eingerichtet werden.

Der Reichskanzler bestimmt die Zusammensetzung der Hilfssenate und die Verteilung der Geschäfte derselben.

Mit der Wahrnehmung der richterlichen Geschäfte in den Hilfssenaten können nur Mitglieder des Reichsgerichts und Mitglieder der früheren obersten Gerichte oder der Oberlandesgerichte beauftragt werden.

Die Anordnung ist für ein nicht zum Reichsgerichte gehörendes Mitglied bis zu dem Zeitpunkte unwiderruflich, in welchem die Wahrnehmung seiner Tätigkeit in dem Hilfssenate nicht mehr erforderlich ist.

Kompetenzkonflikte.

§ 17. Auf Antrag eines Bundesstaates und mit Zustimmung des Bundesrats kann durch Kaiserliche Verordnung die Verhandlung und Entscheidung der im § 17 des Gerichtsverfassungsgesetzes bezeichneten Streitigkeiten dem Reichsgerichte zugewiesen werden.

Für diejenigen Bundesstaaten, in denen die im § 17 des Gerichtsverfassungsgesetzes bezeichneten Behörden bestehen und nach Maßgabe der Vorschriften im § 17 Nr. 1—4 einer Veränderung ihrer Einrichtung und des Verfahrens bedürfen, kann die Veränderung, sofern sie nicht bis zum Inkrafttreten dieses Gesetzes landesgesetzlich getroffen ist, durch landesherrliche Verordnung eingeführt werden.

Zuweisung der Geschäfte früherer Landesgerichte an die ordentlichen Landesgerichte.

§ 18. Die am Tage des Inkrafttretens des Gerichtsverfassungsgesetzes bei den Landesgerichten anhängigen Sachen können den ordentlichen Landesgerichten ohne Rücksicht auf die im Gerichtsverfassungsgesetze bestimmten Grenzen der Zuständigkeit durch die Landesgesetzgebung zugewiesen werden.

Mitglieder des Reichs-Oberhandelsgerichts.

§ 19. Die Mitglieder des Reichs-Oberhandelsgerichts werden durch Kaiserliche Verfügung mit Beibehaltung ihrer Besoldung entweder bei dem Reichsgerichte angestellt oder in den Ruhestand versetzt.

Geschäftsverteilung für das erste Geschäftsjahr.

§ 20. Bei der ersten Einrichtung der Landgerichte, der Oberlandesgerichte und der bei einem Amtsgerichte gebildeten Strafkammern und während der Dauer des ersten Geschäftsjahres erfolgen die Geschäftsverteilung und die Bestimmung der Mitglieder der Kammern und Senate sowie der regelmäßigen Vertreter der Mitglieder durch die Landesjustizverwaltung.

Bei der ersten Einrichtung des Reichsgerichts und während der Dauer des ersten Geschäftsjahres erfolgen die Geschäftsverteilung und die Bestimmung der Mitglieder der Senate sowie der regelmäßigen Vertreter derselben durch den Reichskanzler.

Vgl. GVG. §§ 61–68, 78, 121, 133.

„Geschäftsjahr" = Kalenderjahr in allen Bundesstaaten.

Uebergangsbestimmungen über unfreiwillige Richterversetzung bei Stelleneinziehung.

§ 21. Innerhalb zwei Jahren nach dem Inkrafttreten des Gerichtsverfassungsgesetzes kann die Landesjustizverwaltung bei notwendiger Einziehung von Richterstellen die unfreiwillige Versetzung eines Richters an ein anderes Gericht von gleicher Ordnung unter Belassung des vollen Gehalts und Erstattung der Umzugskosten verfügen.

Vgl. GVG. § 8.

Uebergangsbestimmungen über Prüfungswesen und Vorbereitungsdienst.

§ 22. Die Bestimmungen des § 2 des Gerichtsverfassungsgesetzes über die Fähigkeit zum Richteramte finden auf diejenigen, welche vor dem Inkrafttreten des

Gesetzes die erste Prüfung in einem Bundesstaate zurückgelegt haben, nur insoweit Anwendung, als nicht in dem Bundesstaate abweichende Vorschriften bestehen.

Der für den Vorbereitungsdienst vorgeschriebene Zeitraum kann für die ersten vier Jahre nach dem Inkrafttreten des Gesetzes in den einzelnen Bundesstaaten bis auf zwei Jahre abgekürzt werden.

Urkundlich unter Unserer Höchsteigenhändigen Unterschrift und beigedrucktem Kaiserlichen Insiegel.

Gegeben Berlin, den 27. Januar 1877.

(L S.) Wilhelm.

Fürst v Bismarck.

Anhang.

Deutsche Konsular- und Schutzgebietsgerichtsverfassung.

(Vgl. Doerr in Zeitschr. f. Kolonialpolitik rc. 1909 S. 161 ff., 1910 S. 69.)

I. Gesetz über die Konsulargerichtsbarkeit
vom 7. April 1900.

§ 2. Der Konsulargerichtsbarkeit sind unterworfen:

1. Deutsche, soweit sie nicht in dem Lande, in dem die Konsulargerichtsbarkeit ausgeübt wird, nach allgemeinen völkerrechtlichen Grundsätzen das Recht der Exterritorialität genießen;
2. Ausländer, soweit sie für ihre Rechtsverhältnisse durch Anordnung des Reichskanzlers oder auf Grund einer solchen dem deutschen Schutze unterstellt sind (Schutzgenossen).

Den Deutschen (Abs. 1 Nr. 1) werden gleichgeachtet Handelsgesellschaften, eingetragene Genossenschaften und juristische Personen, wenn sie im Reichsgebiet oder in einem deutschen Schutzgebiet ihren Sitz haben, juristische Personen auch dann, wenn ihnen durch den Bundesrat oder nach den bisherigen Vorschriften durch einen Bundesstaat die Rechtsfähigkeit verliehen worden ist. Das gleiche gilt von offenen Handelsgesellschaften und Kommanditgesellschaften, die in einem Konsulargerichtsbezirk ihren Sitz haben, wenn die persönlich haftenden Gesellschafter sämtlich Deutsche sind. Andere als die bezeichneten Handelsgesellschaften, eingetragenen Genossenschaften und juristischen Personen werden den Ausländern (Abs. 1 Nr. 2) gleichgeachtet.

Durch Anordnung des Reichskanzlers oder auf Grund einer solchen kann bestimmt werden, daß die im Abs. 2 Satz 1 bezeichneten Handelsgesellschaften, eingetragenen Genossenschaften und juristischen Personen, wenn Ausländer daran beteiligt sind, der Konsulargerichtsbarkeit nicht unterstehen.

§ 5. Die Konsulargerichtsbarkeit wird durch den Konsul (§ 2 des Gesetzes, betreffend die Organisation der Bundeskonsulate, vom 8. November 1867), durch das Konsulargericht und durch das Reichsgericht ausgeübt.

§ 6. Der Konsul ist zur Ausübung der Gerichtsbarkeit befugt, wenn er dazu von dem Reichskanzler ermächtigt wird.

Der Reichskanzler kann neben dem Konsul sowie an dessen Stelle einem anderen Beamten die dem Konsul bei der Ausübung der Gerichtsbarkeit obliegenden Verrichtungen übertragen.

§ 7. Der Konsul ist zuständig:

1. für die durch das Gerichtsverfassungsgesetz, die Prozeßordnungen und die Konkursordnung den Amtsgerichten zugewiesenen Sachen;
2. für die durch Reichsgesetze oder in Preußen geltende allgemeine Landesgesetze den Amtsgerichten übertragenen Angelegenheiten der freiwilligen Gerichtsbarkeit.

§ 8. Das Konsulargericht besteht aus dem Konsul als Vorsitzendem und zwei Beisitzern.

In Strafsachen sind in der Hauptverhandlung vier Beisitzer zuzuziehen, wenn der Beschluß über die Eröffnung des Hauptverfahrens ein Verbrechen oder ein Vergehen zum Gegenstande hat, das weder zur Zuständigkeit der Schöffengerichte noch zu den in den §§ 74, 75 des Gerichtsverfassungsgesetzes bezeichneten Handlungen gehört.

§ 9. Ist in bürgerlichen Rechtsstreitigkeiten die Zuziehung von zwei Beisitzern nicht ausführbar, so tritt an die Stelle des Konsulargerichts der Konsul.

Ist in Strafsachen die vorgeschriebene Zuziehung von vier Beisitzern nicht ausführbar, so genügt die Zuziehung von zwei Beisitzern.

Die Gründe, aus denen die Zuziehung von Beisitzern nicht ausführbar war, müssen in dem Sitzungsprotokoll angegeben werden.

§ 10. Das Konsulargericht ist zuständig:

1. für die durch das Gerichtsverfassungsgesetz und die Prozeßordnungen den Landgerichten in erster Instanz sowie den Schöffengerichten zugewiesenen Sachen;
2. für die Verhandlung und Entscheidung über das Rechtsmittel der Beschwerde gegen die Entscheidungen des Konsuls in Strafsachen.

§ 11. In den vor das Konsulargericht gehörenden Sachen steht den Beisitzern ein unbeschränktes Stimmrecht zu.

In den im § 10 Nr. 1 bezeichneten Sachen nehmen die Beisitzer nur an der mündlichen Verhandlung und an den im Laufe oder auf Grund dieser Verhandlung ergehenden Entscheidungen teil; die sonst erforderlichen Entscheidungen werden von dem Konsul erlassen.

§ 12. Der Konsul ernennt für die Dauer eines jeden Geschäftsjahrs aus den achtbaren Gerichtseingesessenen oder in Ermangelung solcher aus sonstigen achtbaren Einwohnern seines Bezirkes vier Beisitzer und mindestens zwei Hilfsbeisitzer.

Die Gerichtseingesessenen haben der an sie ergehenden Berufung Folge zu leisten; die §§ 53, 55, 56 des Gerichtsverfassungsgesetzes finden entsprechende Anwendung.

§ 13. Die Beeidigung der Beisitzer erfolgt bei ihrer ersten Dienstleistung in öffentlicher Sitzung. Sie gilt für die Dauer des Geschäftsjahrs. Der Vorsitzende richtet an die zu Beeidigenden die Worte: „Sie schwören bei Gott dem Allmächtigen und Allwissenden, die Pflichten eines Beisitzers des deutschen Konsulargerichts getreulich zu erfüllen und Ihre Stimme nach bestem Wissen und Gewissen abzugeben."

Die Beisitzer leisten den Eid, indem jeder einzeln, unter Erhebung der rechten Hand, die Worte spricht: „Ich schwöre es, so wahr mir Gott helfe.“ Ist ein Beisitzer Mitglied einer Religionsgesellschaft, der das Gesetz den Gebrauch gewisser Beteuerungsformeln an Stelle des Eides gestattet, so wird die Abgabe einer Erklärung unter der Beteuerungsformel dieser Religionsgesellschaft der Eidesleistung gleichgeachtet. Über die Beeidigung ist ein Protokoll aufzunehmen.

§ 14. Das Reichsgericht ist zuständig für die Verhandlung und endgültige Entscheidung über die Rechtsmittel
1. der Beschwerde und der Berufung in den vor dem Konsul oder dem Konsulargerichte verhandelten bürgerlichen Rechtsstreitigkeiten und in Konkurssachen;
2. der Beschwerde und der Berufung gegen die Entscheidungen des Konsulargerichts in Strafsachen;
3. der Beschwerde gegen die Entscheidungen des Konsuls in den Angelegenheiten der freiwilligen Gerichtsbarkeit.

§ 15. Eine Mitwirkung der Staatsanwaltschaft findet, soweit nicht in diesem Gesetz ein anderes vorgeschrieben ist, in den vor den Konsul oder das Konsulargericht gehörenden Sachen nicht statt.

§ 16. Die Personen, welche die Verrichtungen der Gerichtsschreiber und der Gerichtsvollzieher sowie die Verrichtungen der Gerichtsdiener als Zustellungsbeamten auszuüben haben, werden von dem Konsul bestimmt. Sofern diese Personen nicht bereits den Diensteid als Konsularbeamte geleistet haben, sind sie vor ihrem Amtsantritt auf die Erfüllung der Obliegenheiten des ihnen übertragenen Amtes eidlich zu verpflichten.

Das Verzeichnis der Gerichtsvollzieher ist in der für konsularische Bekanntmachungen ortsüblichen Weise, jedenfalls durch Anheftung an die Gerichtstafel bekannt zu machen.

§ 17. Die Personen, die zur Ausübung der Rechtsanwaltschaft zuzulassen sind, werden von dem Konsul bestimmt. Die Zulassung ist widerruflich.

Gegen eine Verfügung des Konsuls, durch die der Antrag einer Person auf Zulassung zur Ausübung der Rechtsanwaltschaft abgelehnt oder die Zulassung zurückgenommen wird, findet Beschwerde an den Reichskanzler statt.

Das Verzeichnis der zur Ausübung der Rechtsanwaltschaft zugelassenen Personen ist in der für konsularische Bekanntmachungen ortsüblichen Weise, jedenfalls durch Anheftung an die Gerichtstafel bekannt zu machen.

§ 18. Die Vorschriften der §§ 157 bis 169 des Gerichtsverfassungsgesetzes und des § 2 des Reichsgesetzes über die Angelegenheiten der freiwilligen Gerichtsbarkeit finden auf die Leistung der Rechtshilfe unter den bei der Ausübung der Konsulargerichtsbarkeit mitwirkenden Behörden sowie unter diesen Behörden und den Behörden im Reichsgebiet oder in den deutschen Schutzgebieten mit der Maßgabe entsprechende Anwendung, daß für die im § 160 Abs. 1 des Gerichtsverfassungsgesetzes vorgesehene Entscheidung, sofern die Rechtshilfe von dem Konsul versagt oder gewährt wird, das Reichsgericht in erster und letzter Instanz zuständig ist.

§ 42. In Rechtsstreitigkeiten, die die Nichtigkeit einer Ehe zum Gegenstande haben, werden die Verrichtungen der Staatsanwaltschaft von dem Konsul einer der zur Ausübung der Rechtsanwaltschaft zugelassenen Personen, einem anderen achtbaren Gerichtseingesessenen oder sonst im Konsulargerichtsbezirke befindlichen Deutschen oder Schutzgenossen übertragen. Das gleiche gilt in Entmündigungssachen sowie im Aufgebotsverfahren zum Zwecke der Todeserklärung.

§ 57. Eine Voruntersuchung findet nicht statt.

§ 71. Das Gesetz, betreffend die Entschädigung der im Wiederaufnahmeverfahren freigesprochenen Personen, vom 20. Mai 1898 (Reichs-Gesetzbl. S. 345) findet mit folgenden Maßgaben Anwendung.

An die Stelle der Staatsanwaltschaft des Landgerichts tritt der Konsul. Die im § 5 Abs. 3 vorgesehene Ausschlußfrist beträgt sechs Monate. Für die Ansprüche auf Entschädigung ist das Reichsgericht in erster und letzter Instanz zuständig.

II. Schutzgebietsgesetz

in der Fassung vom 10. September 1900.

§ 2. Auf die Gerichtsverfassung in den Schutzgebieten finden die Vorschriften der §§ 5, 7 bis 15, 17, 18 des Gesetzes über die Konsulargerichtsbarkeit vom 7. April 1900 (Reichs-Gesetzbl. S. 213) mit der Maßgabe entsprechende Anwendung, daß an die Stelle des Konsuls der von dem Reichskanzler zur Ausübung der Gerichtsbarkeit ermächtigte Beamte und an die Stelle des Konsulargerichts das in Gemäßheit der Vorschriften über das letztere zusammengesetzte Gericht des Schutzgebiets tritt.

§ 6. Durch Kaiserliche Verordnung kann:

— — — — — — — — — — — — — — — — — —

2. vorgeschrieben werden, daß in Strafsachen
   a) die Mitwirkung einer Staatsanwaltschaft mit der Maßgabe eintritt, daß, soweit die Staatsanwaltschaft zuständig ist, die Vorschriften der §§ 56, 65 und des § 71 Abs. 2 Satz 1 des Gesetzes über die Konsulargerichtsbarkeit außer Anwendung bleiben,
   b) eine Voruntersuchung stattfindet, deren Regelung der Verordnung vorbehalten bleibt,
   c) der § 9 Abs. 2 des Gesetzes über die Konsulargerichtsbarkeit keine Anwendung findet;
3. angeordnet werden, daß in Strafsachen, wenn der Beschluß über die Eröffnung des Hauptverfahrens eine Handlung zum Gegenstande hat, welche zur Zuständigkeit der Schöffengerichte oder zu den in den §§ 74, 75 des Gerichtsverfassungsgesetzes bezeichneten Vergehen gehört, in der Hauptverhandlung eine Zuziehung von Beisitzern nicht erforderlich ist;
4. die Gerichtsbarkeit in den zur Zuständigkeit der Schwurgerichte gehörenden Sachen den Gerichten der Schutzgebiete in der Weise übertragen werden, daß für diese Sachen, soweit nicht auf Grund der Nr. 2 etwas anderes bestimmt wird, die Vorschriften An-

wendung finden, welche für die im § 8 Abs. 2 des Gesetzes über die Konsulargerichtsbarkeit bezeichneten Strafsachen gelten;

— — — — — — — — — — — — — — — — — — —

6. die nach dem Gesetz über die Konsulargerichtsbarkeit begründete Zuständigkeit des Reichsgerichts einem Konsulargericht oder einem Gerichtshof in einem Schutzgebiet übertragen und über die Zusammensetzung des letzteren Gerichtshofs sowie über das Verfahren in Berufungs- und Beschwerdesachen, die vor einem dieser Gerichte zu verhandeln sind, mit der Maßgabe Anordnung getroffen werden, daß das Gericht aus einem Vorsitzenden und mindestens vier Beisitzern bestehen muß;

— — — — — — — — — — — — — — — — — — —

III. Kais. Verordnung, betr. die Rechtsverhältnisse in den deutschen Schutzgebieten,

vom 9. November 1900 (RGBl. 1900 S. 1005) / 28. September 1907 (RGBl. 1907 S. 735)

§ 5. In Strafsachen tritt, sofern es sich um Verbrechen oder Vergehen handelt, die Mitwirkung einer Staatsanwaltschaft bei der Hauptverhandlung in erster Instanz, bei der Einlegung von Rechtsmitteln und bei dem Verfahren in zweiter Instanz ein.

— — — — — — — — — — — — — — — — — — —

§ 6. In Strafsachen findet die Hauptverhandlung ohne die Zuziehung von Beisitzern statt, wenn der Beschluß über die Eröffnung des Hauptverfahrens eine Handlung zum Gegenstande hat, welche zur Zuständigkeit der Schöffengerichte oder zu den in den §§ 74, 75 des Gerichtsverfassungsgesetzes bezeichneten Vergehen gehört.

Diese Vorschrift findet für das Schutzgebiet von Kiautschou keine Anwendung.

§ 7. Die Gerichtsbarkeit in den zur Zuständigkeit der Schwurgerichte gehörenden Sachen wird den Gerichten erster Instanz übertragen. Für diese Sachen finden die Vorschriften Anwendung, welche für die im § 8 Abs. 2 des Gesetzes über die Konsulargerichtsbarkeit vom 7. April 1900 bezeichneten Strafsachen gelten.

§ 8 betrifft die Obergerichte (Oberrichter und 4 Beisitzer), denen die nach dem KonsGG. begründete Zuständigkeit des Reichsgerichts übertragen ist.

. . . .

IV. Für Konsular- und Kolonialgerichtssachen ist als oberste Instanz ein „**Kolonial- und Konsulargerichtshof**" mit dem Sitz in Berlin in Aussicht genommen.

V. Kolonialbeamtengesetz

(Entwurf).

§ 11 betrifft die einstweilige Versetzung in den Ruhestand.

§ 48. Soweit die Kolonialbeamten zur Ausübung der Gerichtsbarkeit nach § 2 des Schutzgebietsgesetzes (Reichs-Gesetzbl. 1900 S. 813) berufen sind, üben sie ihr Amt **als** unabhängige, nur dem Gesetz unterworfene Richter aus.

Gegen richterliche Beamte können Ordnungsstrafen nur vom Reichskanzler verhängt werden.

§ 49. Als etatsmäßiger Richter kann in einem Schutzgebiete nur angestellt werden, wer die Fähigkeit zum Richteramt in einem Bundesstaat erlangt hat.

§ 50. Die etatsmäßigen Richter haben einen Rechtsanspruch auf die Gehaltszulagen und die anderen etwa im Etat bereitgestellten Zulagen.

Ihr Anspruch ruht, solange gegen sie ein Disziplinarverfahren oder wegen eines Verbrechens oder Ver-

gehens ein Hauptverfahren oder eine Voruntersuchung schwebt.

Führt das Verfahren zum Verluste des Amtes, so findet eine Nachzahlung der zurückbehaltenen Beträge nicht statt.

§ 51. Die etatsmäßigen Richter können ohne ihre Zustimmung nur in ein anderes richterliches Amt desselben Schutzgebiets versetzt werden.

Auf die etatsmäßigen Richter finden die Vorschriften des § 11 nur dann Anwendung, wenn das von ihnen verwaltete Amt infolge einer Umbildung der Kolonialbehörden aufhört.

Sachregister.

Die Zahlen ohne Zusatz bezeichnen die Paragraphen des GVG.; die Zahlen mit dem Zusatz „EG." beziehen sich auf das Einf.-Ges. z. GVG.

A.

Abgaben, Zuwiderhandlung gegen die Erhebung öffentlicher A. 75, 136 II; — Ansprüche aus dem Reichsstempelgesetz 101 [6].

Ablehnung der Berufung zum Schöffen- u. Geschworenenamt 35, 53; 85 II, 94; — des Dolmetschers 193; — der Rechtshilfe 159 f.

Ablösungssachen, besondere Gerichte hierfür 14 [3].

Absolute Stimmenmehrheit 198, 40 V.

Abstimmung, Beratg. des Gerichts 194 ff.

Adoptivverhältnis, Ausschließung des Gerichtsvollziehers hierwegen 156 I [3], II [3].

Änderung der Reihenfolge der Schöffen 47.

Ärgerniserregung, öffentl. 75 [8].

Ärzte, Ablehng. der Berufg. zum Schöffen- und Geschworenenamt 35 [3], 85 II.

Akten-Mitteilung 169.

Aktiengesellschaft, Vorstand zum Handelsrichter befähigt 113.

Alter, Befreiungsgrund v. Schöffen- und Geschworenenamt 35 [5], 85 II; — der Schöffen und Geschworenen 33 [1], 85 II; — der Handelsrichter 113 I; — der Mitglieder des Reichsgerichts 127 II; 130 I.

Amt der Richter 1 ff.; — der Schöffen 30 ff.; — der Geschworenen 84 — der Handelsrichter 111 ff.

Amtsanwalt 143, 146.

Amtsbefugnisse, Überschreitung 70, EG. 11.

Amtsbezirk, Überschreitung der Grenzen 167 f.

Amtsgericht 12, 22—24; — sachliche Zuständigkeit 23 f., 26, 30, 38 ff., 158, 167; — Staatsanwaltschaft beim AG. s. Amtsanwalt.

Amtshandlung, Unterlassung 70, EG. 11.

Amtsrichter 22, 58 II, 110.

Angelegenheiten der freiwilligen Gerichtsbarkeit, Besetzung der Zivilsenate des ObLG. EG. 10 III; — Anwendung des GVG. hierauf EG. 2 Anm., 24 Anm., 70 Note **), 123 Anm., 135 Anm.

Anhängige Sachen, Erledigung EG. 14 ff.

Anstellung der Richter 6; — der Mitglieder des Reichsgerichts 127.

Anwalt s. Rechtsanwalt.

Anwaltsprozeß 189 II.

Anweisungen, Ansprüche aus kaufmännischen A. 101 [2].

Anzahl, s. Zahl.

Apotheker, Ablehnung der Berufung zum Schöffen- u. Geschworenenamt 35 [4], 85 II.

Arbeitgeber u. Arbeiter, Streitigkeiten zwischen ihnen 23 [2], 202 [4a].

Arbeitsverhältnis s. Arbeitgeber.
Armut, Befreiungsgrund vom Schöffen- und Geschworenenamt 35^{6}, 85 II.
Arrestbruch 75^{2}.
Arrestsachen 202^{2}.
Aufgebot 23^{2} a. E.
Aufhebung der Privatgerichtsbarkeit 15 II; — landesgesetzlicher Voraussetzungen für Verfolgung öffentlicher Beamten EG. 11.
Aufrechthaltung der Ordnung in der Sitzung 177.
Aufsicht, s. Dienstaufsicht.
Auseinandersetzungen, besondere Gerichte für gutsherrlich-bäuerliche 14^{2}.
Auslagen der Rechtshilfe, Erstattung 165.
Auslegung der Urliste 36.
Auslosung der Schöffen 45, 48, 57; der Geschworenen 91, 94.
Ausnahmegerichte unstatthaft 16.
Ausschließliche Zuständigkeit 70 II, III, 74.
Ausschließung der Öffentlichkeit 171 ff.; — der Dolmetscher 193; — der Gerichtsvollzieher 156.
Ausschuß zur Auswahl der Schöffen und Geschworenen 40—42, 57, 87.
Austräge d. Standesherren EG. 7.
Auswanderungsexpedienten, Streitigkeiten mit Reisenden 23^{2}.
Außerordentliche Sitzungen des Schöffengerichts 48.

B.

Bankgesetz, Zuwiderhandlgen 74^{5}.
Bausachen 202^{6}.
Beamte, Verfolgung öffentlicher 70, EG. 11.
Bedienstete diplomatischer Pers. 19.
Bedrohung 27^{3c}.
Beeidigung, s. Eid, Eidesleistung.
Befähigung zum Richteramt 2, 4 f., EG. 22; — z. Handelsrichter 113 f.; — zum Schöffen- u. Geschworenenamt 32 ff., 52; 85; — zur Mitgliedschaft beim Reichsgericht 127; — zur Staatsanwaltschaft 149 f.
Begünstigung 27^{8}, 75^{8}.
Beischlaf, Ansprüche aus dem außerehelichen B. 23^{2}, 202^{4b}.
Bekanntmachung 36 II; 183 I.
Beleidigung 27^{3}, 75^{4}.
Beratung und Abstimmung 194 ff.
Bergung und Hilfeleistung in Seenot, Ansprüche hieraus 101^{8} f.
Berichterstatter 139, 199.
Berichtigung der Urliste 38.
Berufung im Zivilprozeß 71, 105 a, 123^{1}; — im Strafprozeß 76; — auf den ordentlichen Rechtsweg 14^{3}.
Beschuldigte, sitzungspolizeiliche Maßregeln gegen sie 178 f.
Beschwerde im Zivilprozeß 71, 108 a, 123^{4}; — in Strafsachen 56, 72, 96, 123^{5}, EG. 9; — Unzulässigkeit 41, 52 f., 75 II, 183; — wegen Ordnungsstrafe 56, 183; — wegen Gebots der Geheimhaltung von Verhandlungstatsachen 175 II; — wegen versagter Rechtshilfe 160.
Besetzung der Amtsgerichte 22; — der Schöffengerichte 26; — der Landgerichte 58; — der Zivil- und Strafkammern 77; — der Kammer für Handelssachen 109 f.; — der Schwurgerichte 81; — der Oberlandesgerichte 119; — der Senate der OLG. 124; — des Reichsgerichts 126, 139; — der Senate des Reichsgerichts 140; — der Senate des ObLG. EG. 10; — d. Kompetenzkonfliktshöfe 17 II.
Besondere Gerichte 13 f.
Besondere Gerichtsbarkeit, deren Übertragung auf ordentliche Gerichte EG. 3.
Bestechung 75^{12a}.
Betrug 27^{6}, 73^{7}, 75^{10}.

Beurkundung des Personenstandes 74[4].
Binnenschiffahrtsrecht, Ansprüche hieraus 101[8 f].
Bodmerei, Ansprüche hieraus 101[8 f].
Bodmereibriefe, Ansprüche hieraus 101[3].
Börsengesetz, Ansprüche hieraus 101[5].
Bürgerliche Ehrenrechte, Verlust 32, 85 II, 176 I.
Bürgerliche Rechtsstreitigkeiten, Zuständigkeit der ordentlichen Gerichte 13, EG. 3, — der Amtsgerichte 23, — der Landgerichte 70 f., — der Oberlandesgerichte 123, — des Reichsgerichts 135, — des Obersten Landesgerichts EG. 8; — Beschwerde 71, 123[4]; — Berufung 71, 123[1]; — Revision 135, EG. 8; — Ausschließung der Gerichtsvollzieher 156 I.
Bundesrat, Bestätigung der Geschäftsordnung des Reichsgerichts 141; — Zustimmung EG. 1, 8, 15—17; — Vorschlag 127 I, 150 I; — Gerichtsbarkeit über Mitglieder 18 f.

C.

(Siehe Z und K.)

D.

Diebstahl 27[4], 73[5], 75[6].
Dienstalter d. Richter 63 II, 65, 199 I.
Dienstaufsicht bei Amtsgerichten 22; — über Richter 1, 152; — über Beamte der Staatsanwaltschaft 148; — Anwesenheit der Aufsichtsbeamten in nicht öffentlichen Sitzungen 176 III.
Dienstboten, nicht Schöffen oder Geschworene 33[5], 85 II.
Dienstherrschaft und Gesinde, Streitigkeiten 23[2], 202[4 a].
Dienstverhältnis, vermögensrechtliche Ansprüche der Richter hieraus 9; — Ansprüche der Beamten 70; — der Mitglieder des Reichsgerichts 128 ff.; — Streitigkeiten aus einem D. 23[2], 202[4 a].
Dienstzeit d. Mitglieder des Reichsgerichts, Berechnung 130.
Dinglicher Gerichtsstand der Exterritorialen 20.
Diplomatische Personen, Gerichtsbarkeit 18 f.
Direktoren der Landgerichte 58, 61, 63 II, 89 II.
Disziplinarverhältnisse d. Richter 8, EG. 13.
Dolmetscher, Zuziehung 187 f.; — Eid 191; — Gerichtsschreiber 192; — Ausschließg. u. Ablehnung 193.

E.

Ehesachen 15 III, 137 IV, 171.
Ehrenamt 31, 84, 111.
Ehrenrechte, Verlust 32, 85 II, 176 I.
Eid der Schöffen 51; — d. Handelsrichter 115; — d. Dolmetscher 191.
Eidesleistung in fremder Sprache 190.
Eigennutz, strafbarer 75[11].
Einregistrierungsgebühren 165 IV.
Einsprache gegen die Urliste 37 ff.; — gegen die Vorschlagsliste 89.
Einstweilige Verfügung 202[2].
Einzelrichter 22.
Einziehung von Richterstellen 8 III Anm., EG. 21.
Elbzollgerichte 14[1].
Eltern und Kinder, Feststellung des Rechtsverhältnisses zwischen ihnen 137 IV.
Entbindung eines Schöffen von der Dienstleistung 54.

Entfernung aus dem Sitzungszimmer 178, 184.
Enthebung (vom Amte) der Richter 8, EG. 13; — Handelsrichter 117; — Reichsgerichtsmitglieder 128 ff.
Entmündigungssachen 137 IV, 172.
Entscheidungsgründe, nicht öffentliche Verkündung 174 II.
Ergänzungsgeschworene 194.
Ergänzungsrichter 194.
Ergänzungsschöffen 194.
Ernennung der Richter 6; — d. Handelsrichter 112—114; — d. Reichsgerichtsmitglieder 127; — der Staats- und Reichsanwälte 149 f.
Erstattung der Auslagen d. Rechtshilfe 165.
Erster Staatsanwalt bei Land- u. Oberlandesgerichten 146 I, 148 [3].
Ersuchen um Rechtshilfe 158 ff.
Exekution, s. Zwangsvollstreckung.
Exterritoriale 18 ff.

F.

Fähigkeit, s. Befähigung.
Familienmitglieder der diplomat. Personen 19; — der Landesherren EG. 5.
Ferien, Gerichtsferien 201 ff.
Ferienkammer 203.
Feriensachen 202.
Feriensenat 203.
Festnahme wegen strafbarer Handlung in der Sitzung 185.
Flößer, Streitigkeiten m. Reisenden 23 [2].
Flößereiabgaben 70 Abs. 2 Nr. 1.
Freiheitsstrafe, Vollstreckung 163 bis 165.
Frist für die Einsprache gegen die Urliste 37; — Geltendmachung von Ablehnungsgründen seitens Schöffen 53 I.
Fuhrleute, Streitigkeiten mit Reisenden 23 [2].
Fuhrlohn, Streitigkten. wegen 23 [2].

G.

Gebührenordnungen EG. 1.
Gehalt der Richter 7, 9, EG. 21.
Geisteskrankheit, -schwäche, s. Entmündigungssachen.
Geistliche Gerichtsbarkeit 15 III.
Gemeindegerichte 14 [3]:
Gemeindevorsteher 36, 38.
Gemeingefährliche Vergehen 75 [13].
Gemeinheitsteilungen, besondere Gerichte hiefür 14 [2], EG. 3.
Gerichte, ordentliche 12, EG. 3 f.; — besondere 13, 14.
Gerichtliche Polizei 153.
Gerichtsbarkeit 12 ff.; — ordentliche streitige 12, EG. 2; — über Exterritoriale 18 ff.; — Übertragung der besonderen Gerichtsbarkeit auf ordentliche Gerichte EG. 3 f.
Gerichtsferien 201 ff.
Gerichtsschreiber 154, 162; 45, 51, 91, 94; — als Dolmetscher 192.
Gerichtsschreiberei, Geschäftseinrichtung 154.
Gerichtssprache 186 ff.
Gerichtsstand, dinglicher 20.
Gerichtsverfassungsgesetz, Anwendungsbereich EG. 2, 5; — Inkrafttreten EG. 1.
Gerichtsvollzieher 155 f., 162.
Gesandte, Exterritorialität 18.
Geschäftsjahr 35, 42, 46, 51, 60 bis 62, 64, 78, 91, 97, 121, 133, EG. 20.
Geschäftsordnung des Reichsgerichts 141.
Geschäftspersonal diplomatischer Personen 19.
Geschäftsverteilung bei den Amtsgerichten 22 Anm.; — bei d. Landgerichten 59 ff.; — bei den Oberlandesgerichten 121; — bei dem Reichsgericht 133; — für das erste Geschäftsjahr EG. 20.

Geschworene 81; — Amt, Befähigung hierzu 84 f., 11; — Auswahl 85, 87, 89; — Auslosung 91, 94 II; — Reisekosten 55, 96 I; — Bestrafung 56, 96; — Abstimmung 199 II; — Schweigepflicht 200.
Geschworenenamt, Befähigung, Ablehnung 84 f., 32—35.
Gesindestreitigkeiten 23^{2}, 202^{4a}.
Gewerbegerichte 14^{4}.
Gewerbestreitigkeiten 23^{2}.
Grnndbuchsachen, Besetzung der Zivilsenate des ObLG. EG. 10 III; — Gerichtskosten der weiteren Beschwerde 135 Anm. und N. **).

H.

Handelsfirma, Ansprüche wegen Gebrauchs einer solchen 101^{8b}.
Handelsgebräuche 118.
Handelsgeschäft, Ansprüche aus zweiseitigem HGesch. 101^{1}; — Streitigkeiten zwischen stillem Gesellschafter u. Inhaber 101^{8a}; — zwischen bisherigem Inhaber und Erwerber 101^{8d}.
Handelsgesellschaft, Streitigkeiten zwischen oder mit Mitgliedern ꝛc. ꝛc. 101^{8a}.
Handelsrichter 109; — Amt 111 ff., 11; — Ernennung 112; — Befähigung 113 f.; — eidliche Verpflichtung 115; — Enthebung vom Amt 117.
Handelssachen 101; — Kammern für HS. 67, 70 f., 100 ff.
Handlungsvollmacht, mangelnder Nachweis 101^{8e}.
Handwerker, Streitigkeiten mit Reisenden 23^{2}.
Hannoversches Königshaus EG. 5.
Hauptgeschworene 89—93.
Hauptintervention vor d. Kammer für Handelssachen 108.
Hauptschöffen 42 ff.
Hauptverfahren, Eröffnung wegen entehrender Handlungen 32^{2}, 85 II, 129; — Überweisung an Schöffengericht bei Eröffnung 75.
Hauptverhandlung, Mitwirkung der Schöffen 30; — Besetzung der Strafkammer 77.
Hausfriedensbruch, schwerer 27^{8b}.
Hausverfassung landesherrlicher Familien EG. 5.
Haverei, Ansprüche hieraus 101^{8f}.
Hehlerei 27^{8}, 73^{6}, 75^{9}.
Hilfeleistung in Seenot, Ansprüche hieraus 101^{8f}.
Hilfsbeamte der Staatsanwaltschaft 153.
Hilfsgeschworene 89 f.
Hilfsrichter 10, 122, 134.
Hilfsschöffen, Auswahl 42—44; — Berufung 48 f.
Hilfssenate b. Reichsger. EG. 16.
Hochverrat u. Landesverrat gegen Kaiser oder Reich 136^{1}, 138, 147 II.
Hohenzollern, fürstliche Familie EG. 5.
Holsteinisches Fürstenhaus EG. 5 Anm.

J.

Jahresliste der Schöffen 42—44, 52; — der Geschworenen 89 f., 94.
Inhaber, s. Handelsgeschäft.
Inhaberpapiere, Zuwiderhandlungen $74^{1, 8}$.
Inkrafttreten des GVG. EG. 1, 13; — der Novellen hierzu S. V (Vorbemerkung).
Jugendliche Personen, Verbrechen 73^{8}; — Vergehen 75^{14a}; — Zutritt zu Gerichtsverhandlungen 176 I.
Justiz, Trennung von der Verwaltung EG. 4.
Justizverwaltung 176 III, EG. 4; — Landesjustizverwaltung 8, 22, 57, 60, 69, 78, 86, 99 f., 148, 154 f., EG. 20 f.

K.

Kaiser, Ernennung durch ihn 127 I, 150; — Hochverrat gegen ihn 136[1], 138, 147 II.
Kaiserliche Verfügung 150 II, EG. 19.
Kaiserliche Verordnung EG. 1, 3, 15—17.
Kammern der Landgerichte 59, 61 ff., EG. 20; — Besetzung 77.
Kammern für Handelssachen 67, 70 f., 100 ff.; — Besetzung 109 f.; — Abstimmung 199 I.
Kauffahrteischiffe 74[2].
Kaufmännische Anweisungen, Ansprüche hieraus 101[2].
Kaufmännische Begutachtung durch Kammer für Handelss. 118.
Kaufmännische Verpflichtungsscheine, Ansprüche hieraus 101[2].
Kaufmann, Ansprüche gegen einen solchen 101; — Fähigkeit zum Handelsrichteramt 113.
Kinder, Unzucht mit solchen 73[4]; — Feststellung des Rechtsverhältnisses zwischen Eltern und Kindern 137 IV.
Kolonialgerichtsverfassung S. 103 ff.
Kompetenzkonflikte 17, EG. 17.
Konkursverfahren 204.
Konnossemente, Ansprüche hieraus 101[2].
Konsolidationen, besondere Gerichte hiefür 14[2].
Konsul, Gerichtsbarkeit über K. 21.
Konsular-, Schutzgebietsgerichte S. 103 ff.
Körperverletzung 27[3a], 75[5].
Korrespondentreeder, Ansprüche aus d. Rechtsverhältnis 101[3f].
Kosten der Rechtshilfe 165; — der weiteren Beschwerde in d. freiw. Gerichtsbarkeit und in Grundbuchsachen 135 Anm. und N. **).
Kostenfestsetzungsverfahren 204.
Kriegsgericht 16.
Kurhessisches Fürstenhaus EG. 5.

L.

Ladescheine, Ansprüche hieraus 101[2].
Ladung 155, 161; — der Geschworenen 93 f.
Lagerscheine, Ansprüche hieraus 101[2].
Landesgericht, oberstes EG. 8—10.
Landesgesetze, Vorbehalt 2, 10, 17, 34, 70, 85, EG. 3—9, 11, 18, 22.
Landesherren, landesherrliche Familie EG. 5.
Landesherrliche Verordnung EG. 17 II.
Landesjustizverwaltung s. Justizverwaltung.
Landesregierung 153 II.
Landesverrat s. Hochverrat.
Landgericht 12, 58 ff. EG. 20; — Zuständigkeit 70 ff., 89, 91, 98; — Geschäftsverteilung 59 ff., 203; — Präsident 58, 61, 63, 83, 89, 91, 99; — Staatsanwaltschaft 143, 146, 148 f., 153, 164.
Lebensalter s. Alter.
Lehrverhältnis, Ansprüche hieraus 23[2].

M.

Mahnverfahren 204.
Markenschutz, Ansprüche hierwegen 101[3c].
Meß- und Marktsachen 202[3].
Mieter, Untermieter u. Vermieter, Streitigkeiten zwischen ihnen 23[2], 202[4].
Mietsstreitigkeiten, s. Mieter.
Militärgerichtsbarkeit EG. 7.
Militärpersonen, Befreiung vom Schöffen- u. Geschworenendienst 34[9], 85 II.

Minister, 34[1], 85 II.
Mitberechtigung, Mitverpflichtung des Gerichtsvollziehers, Ausschließungsgrund 156 I[1].
Mitglieder der Landgerichte 58, 62 f., 65 f., 68 f., 77 f., 81—83, 89 II, 91 I, 94, 109; — der Oberlandesgerichte 119, 121, 124; — des Reichsgerichts, deren Anstellungs- und Dienstverhältnisse 126 ff.; — einer Handelsgesellsch., Streitigkeiten untereinander oder mit der Gesellschaft 101 [8a].
Mitteilung von Akten 169.
Mitverpflichtung s. Mitberechtigg.
Modellschutz, Ansprüche hierwegen 101 [8c].
Mündliche Verhandlung, Entscheidung ohne sie 137 III.
Musterschutz, Ansprüche hierwegen 101 [8c].

N.

Nacheile 168.
Nassauisches Herzogshaus EG. 5
Nebenprotokoll in fremder Sprache 187 I.
Nötigung 75 [5a].

O.

Oberlandesgericht 12, 119 ff., EG. 9, 20; — Zuständigkeit 123, 160, 183. EG. 9; — Geschäftsverteilung 120 bis 122, 203; — Präsident 83, 119; — Staatsanwaltschaft 143, 146, 148 f.
Ober-Reichsanwalt 128 f., 131, 137, 143 f., 147—150.
Oberstes Landesgericht EG. 8 bis 10.
Obmann der Geschworenen 199.
Öffentl. Bekanntmachung 36 II.
Öffentl. Ordnung, Vergehen 75[2].
Öffentlichkeit der Verhandlung 170, 174 I; — Ausschließung d. Öffentlichkeit 171 ff.
Ordentliche Gerichte 12, EG. 3, 10 I.
Ordentliche streitige Gerichtsbarkeit 12 f., EG. 2, 10 I.
Ordnung in der Sitzung 177 ff.; — — Vergehen wider die öffentl. Ordnung 75[2].
Ordnungsstrafe gegen Schöffen, Vertrauensmänner, Geschworene 56, 96; — wegen Ungebühr in der Sitzung 179 ff.
Organisation der Gerichte, Veränderung 8 III.

P.

Parteien, sitzungspolizeiliche Maßregeln gegen sie 178 f.
Personenstand, Zuwiderhandlung 74[4].
Plenarentscheidungen des Reichsgerichts 128 f., 131, 137, 139; — des oberst. LG. EG. 10 I.
Plenum des Landgerichts 61; — des Oberlandesgerichts 121; — des Reichsgerichts 133, 137, 141.
Polizeibeamte 153.
Prämien-Inhaberpapiere 74[3].
Präsentationsrecht f. Anstellungen bei den Gerichten aufgehoben 15 II.
Präsident des Landgerichts 58, 61, 63, 83, 89, 91, 99; — des Oberlandesgerichts 83, 119; — des Reichsgerichts 126 f., 131.
Präsidium des Landgerichts 62 f., 69, 78; — des Oberlandesgerichts 121; — des Reichsgerichts 133.
Preßdelikte, schwurgerichtliche Zuständigkeit hiefür EG. 6.
Privatklage 27[3], 77.
Privilegien, Ansprüche gegen den Staat wegen Aufhebung von solchen 70 III.
Prokura, Handlungsvollmacht 101 [8e].
Protokoll 40, 45, 51, 91, 94, 184 f.
Prüfung zum Richteramte 2 f., EG. 22.

R.

Reallasten-Ablösung, besondere Gerichte 14^{2}.
Rechtsanwalt, Ordnungsstr. 180.
Rechtshilfe 157 ff.
Rechtslehrer 4.
Rechtsweg, Zulässigkeit 9, EG. 11; — Entscheidung über dessen Zulässigkeit 17, EG. 17; — Berufung auf den ordentlichen R. 14^{3}.
Rechtswissenschaftliches Studium, Voraussetzung der 1. Prüfung zum Richteramt 2.
Reederei, Ansprüche hieraus 101^{3} f., 109 III.
Reich, Landesverrat 136^{1}, 138, 147 II.
Reichsanwälte 143^{1}, 148—50.
Reichsanwaltschaft 143^{1}, 148—50.
Reichsbeamte 34^{3}, 70, 85 II.
Reichsfiskus, Ansprüche d. Reichsbeamten gegen ihn 70 II^{1}.
Reichsgericht 12, 72 I, 125 ff., 133 I, 203; — Sitz 125; — Besetzung 126, 132, 140; — Präsident 126 f., 131; — Anstellungs- u. Dienstverhältnisse der Mitglieder 127 ff., EG. 19; — Geschäftsverteilung 132 f., 203, EG. 16, 20 II; — Hilfsrichter unzulässig 134; — Zuständigkeit 135 ff., 160 I, EG. 3 II, 8, 11, 14 f., 17; — Gerichtsschreiberei 154; — Gerichtsvollzieher 155.
Reichskanzler 132, 148, 154 f., EG. 16, 20.
Reichsoberhandelsgericht EG. 8, 19.
Reichsstempelgesetz 101^{6}.
Reihenfolge der Abstimmung 199; — der Schöffen 45, 47, 49.
Reisekosten der Schöffen, Vertrauensmänner u. Geschworenen 55, 96 I.
Reisende, Streitigkeiten m. Wirten, Fuhrleuten, Handwerkern 23^{2}.
Religionsdiener 34^{7}, 85 II.
Revision im Zivilprozeß 135, EG. 8; — Strafprozeß 123^{2}, ^{3}, 136 I^{2}, II, EG. 9.
Rheinschiffahrtsgerichte 14^{1}.
Richter, Ernennung 6, 127; — Gehalt 7; — unfreiwill. Versetzung oder Amtsenthebung 8, 128 ff., EG. 13; — vermögensrechtliche Ansprüche aus dem Dienstverhältnis 9; — Dienstaufsicht 1, 152, 176 III.
Richteramt 1 ff.; — Befähigung hierzu 2, 4 f., EG. 22; — zeitweilige Ausübung 10.
Richterliche Beamte 34^{5}, 85 II.
Richterliche Geschäfte, zeitweilige Wahrnehmung 10; — Nichtübertragung an Staatsanwälte 152.
Richterliche Gewalt, Unabhängigkeit 1.
Ruhegehalt der Richter 9; — der Mitglieder des Reichsgerichts 130.
Ruhestand, einstweilige Versetzung, 34^{3}, ^{4}, 150 II; — unfreiwillige Versetzung in R. 8, 130 f., EG. 13.

S.

Sachbeschädigung 27^{7}, 75^{12}.
Sachverständige, Gebühren 166.
Schecksachen 100a Anm., 202 II Anm
Schiffer, Streitigkeiten 101^{3} f; — mit Reisenden 23^{2}.
Schiffahrtskundige als Handelsrichter 114.
Schiffseigner 101^{3} f.
Schiffsgläubiger, Ansprüche 101^{3} f.
Schiffsmannschaft, Streitigkeiten 101^{3} f, 109 III.
Schöffen 26; — Amt 11, 30 f.; — Auswahl 42; — Entbindung von der Dienstleistung 54; — Reisekosten 55; — Bestrafung 56; — Abstimmung 199 I; — Schweigepflicht 200.

Schöffenamt 30 f.; — Befähigung hierzu 31—34, 52; — Ablehnung 35, 53.
Schöffengericht 25 ff.; — Besetzung 26; — Zuständigkeit 27—29; — Überweisung 75; — Abstimmung 199 I; — Staatsanwaltschaft 143, 146.
Schuldverschreibungen auf den Inhaber, Ausstellung ohne Genehmigung 74[1].
Schutzgebietsgerichte S. 103 ff.
Schweigepflicht 175, 200.
Schwurgericht 79 ff.; — Besetzung 81—83; — Zuständigkeit 80, EG. 6; — Staatsanwaltschaft 143.
Schwurgerichtsbezirk 98 f.
Seenot, Ansprüche wegen Bergung und Hilfeleistung 101[8f].
Seeplätze 114.
Seerecht, Ansprüche aus Rechtsverhältnissen des S. 101[8f].
Senate des Oberlandesgerichts 120, 124; — des Reichsgerichts 132, 140; — Mitglieder der S. der freien Hansestädte 34[2], 85 II.
Senatspräsidenten d. Oberlandesgerichts 119; — des Reichsgerichts 126 f.
Separationen, besond. Gerichte 14[2].
Sicherheitsbeamte 153, 168.
Sittlichkeitsvergehen 75[3].
Sitz des Reichsgerichts 125; — des Schwurgerichts 79, 98 f.; — der Kammer für Handelssachen 100.
Sitzungsperiode des Schwurger. 79, 82 f., 91, 95.
Sitzungspolizei 177 ff.
Sitzungsprotokoll 175, 184.
Sitzungstage des Schöffengerichts 45—48.
Sitzungstausch der Schöffen 47.
Spruchliste 92 f.
Staat, Ansprüche gegen ihn aus öffentl.-rechtl. Verhältnissen 70 III.
Staatsanwaltschaft 52 f., 56, 75, 91, 94, 96, 136; — Organisation 143—148; — Beamte 34[5], 85 II, 143—147; — Befähigung 149 f.; — Hilfsbeamte 153; — örtliche Zuständigkeit 144.
Staatsbeamte 34, 85 II; — Ansprüche gegen den Staat 70.
Staatsgerichtsbarkeit 15.
Staatsverwaltungsbeamter beim Ausschuß für die Schöffenwahl 40.
Standesherren, Austrägalgerichte EG. 7.
Standrechte 16.
Stellvertreter des Präsidenten des Landgerichts, des Oberlandesgerichts, des Reichsgerichts 65 II, 121, 133; — des Vorsitzenden der Kammer oder des Senats 65 I, 121, 133; — des Vorsitzenden des Schwurgerichts 83, 99.
Stempelabgaben, Hinterziehung 75[15], 136 II; — Ansprüche aus dem Reichsstempelgesetz 101[6].
Stiller Gesellschafter, Streitigkeiten zwischen ihm und dem Inhaber des Handelsgeschäfts 101[3a].
Stimmenmehrheit, absolute 198, 40 V.
Strafkammer 59; — beim Amtsgerichte 78; — Zuständigkeit 72 ff., 82 f., 98 f.
Strafmaß bei Verweisung an das Schöffengericht 75.
Strafsachen, Gerichtsbarkeit 13, EG. 3; — Zuständigkeit der Schöffenger. 27—29; — der Strafkammern 72—76; — des Schwurgerichts 80, EG. 6; — der Oberlandesgerichte 123; — des Reichsgerichts 136; — Beschwerde 72, 123; — Berufung 76; — Revision 123, 136; — Feriensachen 202[1]; — Ausschließung d. Gerichtsvollzieher 156.

Strafsenat des Oberlandesgerichts 120; — des Reichsgerichts 132, 137—139; — vereinigte Str. 137 f.
Strafvollstreckung, Rechtshilfe 163 bis 165.
Studium der Rechtswissenschaft 2.
Stumme 188.
Summen, Abstimmung darüber 198 II.

T.

Taube, Verhandlung mit solchen 188 f.
Todeserklärung, Anfechtg. 137 IV.
Transportversicherungspolice, Ansprüche hieraus 101[3].
Trennung der Justiz von der Verwaltung EG. 4.

U.

Überfahrtsgelder, Streitigkeiten mit Reisenden hierwegen 23[2].
Übergang von Geschäften auf das Reichsgericht EG. 3, 14 f.
Übergangsbestimmungen EG. 14 ff.
Überschreitung der Amtsbefugnisse 70, EG. 11; — der Grenzen des Amtsbezirks 167 f.
Übertretungen 27[1], 77.
Überweisung an SchöffG. 29, 75.
Umzugskosten der Richter EG. 21.
Unabhängigkeit der Gerichte 1; — d. Staatsanwaltschaft 151.
Unabsetzbarkeit d. Richter 8, EG. 13, 19.
Unfähigkeit zum Schöffen- und Geschworenenamt 32, 85 II; — zum Amte der Handelsrichter 113.
Ungebühr in der Sitzung 179 f.
Universitätslehrer 4, 130 III.
Universitätsstudium 2.
Unlauterer Wettbewerb 101[4].
Untermieter, Mieter u. Vermieter, Streitigkeiten zwischen ihnen 23[2], 202[4].
Unterschlagung 27[5], 75[7].
Untersuchungshaft eines Mitglieds des Reichsgerichts 129.
Untersuchungsrichter 60, 64 — Beschwerde gegen seine Verfügungen 72 I.
Unversetzbarkeit der Richter 8, EG. 13, 19, 21.
Unzucht mit Kindern 73[4].
Unzuständigkeitserklärung des Schöffengerichts 28.
Urliste für Schöffen und Geschworene 33, 36—41, 57, 85.
Urteilsgründe, nicht öffentl. Verkündung 174 II.

V.

Verbrechen 73, 80, 136[1].
Vereidigung s. Eid.
Vereinigte Senate des Reichsger. 137—39.
Vergehen 27—29, 73; — Überweisung an Schöff.G. 75.
Verkoppelungen, besondere Gerichte 14[2].
Verlöbnissachen 15.
Vermieter, Streitigkeiten mit Mietern oder Untermietern 23[2], 202[4].
Vermittelung d. Gerichtsschreibers 162.
Vermögensrechtliche Ansprüche 23[1]; — der Richter aus ihrem Dienstverhältnisse 9.
Verpflichtung, eidl. s. Eid.
Versetzung der Richter 8, EG. 13, 21.
Verteidiger, Sitzungspolizei gegen ihn 180.
Vertrauensmänner d. Ausschusses zur Schöffenwahl 40; — Reisekostenentschädigung 55; — Bestrafung 56.
Vertretung der Richter 62, 65 f., 69, 121, 133.
Verwaltung, Trennung von der Justiz EG. 4.

Verwaltungsbeamte, höhere 34 II, 85 II.
Verwaltungsbehörde, Zuständigkeit 13; — Kompetenzkonflikt 17; — Überweisungsantrag 75 III; — Vorbereitungsdienst 2 IV.
Verwaltungsgericht, Zuständigkeit 13; — Kompetenzkonflikt 17 —; oberstes EG. 11 II.
Verweisung von der Zivilkammer vor die Kammer für Handelssachen und umgekehrt 103—107, 108a; — vor d. vereinigten Zivil- oder Straffenate oder das Plenum des Reichsgerichts 137.
Viehmängel, Streitigkeiten hierwegen 23².
Volksschullehrer 34⁸, 85 II.
Vollstreckung 155, 161 f., 204; — von Ordnungsstrafen 181.
Vollstreckungsbeamte 34⁶, 85 II, 155 f.
Vorbereitungsdienst zum Richteramt 2, 195, EG. 22; — Zulassung z. V. 3.
Vorentscheidung bei Verfolgung öffentlicher Beamten EG. 11 II.
Vorschlagsliste der Geschworenen 86—88.
Vorschuß an Zeugen und Sachverständige 166.
Vorsitzender des Prozeßgerichts 177, 181, 196, 202 IV; — der Kammern und Senate 61, 65, 67, 77, 121, 133; — der Kammer für Handelssachen 109 f.; — auswärt. Strafkammer 78; — des Schwurger. 81, 83, 92—94.

W.

Warenzeichen 101³c.
Wartegeld, Ansprüche der Richter hierauf 9; — der Reichsanwälte 150 II.
Wechselsachen 101², 202⁵.
Wettbewerb, unlauterer 101⁴.
Widerklage vor der Kammer für HS. 103, 105.
Widersprechende Anträge (kontradiktorische Verhandlung) 202 III.
Widerstand gegen die Staatsgewalt 75¹.
Wildschaden, Streitigkeiten hierwegen 23².
Wirte, Streitigkeiten mit Reisenden 23².
Wirtszechen, Streitigkeiten hierwegen 23².

Z.

Zahl der Schöffen für die Jahresliste 43; — der Geschworenen für die Vorschlagsliste 86 f.; — der Richter bei Entsch. 194.
Zeitweilige Wahrnehmung richterlicher Geschäfte 10.
Zeugen-Gebühren 166.
Zivilkammer 59, 70 f.
Zivilprozeß, s. bürgerliche Rechtsstreitigkeiten.
Zivilsenate des Oberlandesgerichts 117, 120; — des obersten LG. EG. 10; — des Reichsgerichts 132, 137, 139; — vereinigte Z. 137.
Zuhörer, Sitzungspolizei 178 f.
Zulässigkeit des Rechtswegs 9, 17, EG. 17.
Zurückhaltung der in Mietsräume eingebrachten Sachen 23².
Zusammenlegung von Landgerichtsbezirken zu einem Schwurgerichtsbezirk 99.
Zusammenstoß von Schiffen, Ansprüche hieraus 101³f.
Zuständigkeit des Amtsgerichts 23 f., 26, 30, 38 ff., 158, 167; — des Schöffengerichts 27—29; — des Landgerichts 70 ff., 89, 91, 98; — des Schwurgerichts 80, EG. 6.; — der Kammer für Handelss.

100a ff.; — des Oberlandesgerichts 123, 160, 183, EG. 9; — des Reichsgerichts 135—138, 160 I, EG. 3 II, 8, 11, 14 f., 17; — ausschließliche 70, 74; — örtliche 159 II; — Z. des Amts-, Staatsanwalts 143 f; — des Reichsoberhandelsgerichts EG. 8.

Zustellung durch Gerichtsvollzieher 155, 161; — Vermittlung des Gerichtsschreibers 162.

Zustellungsbeamte 155 f.

Zwangsvollstreckung 204; — Vermittlung d. Gerichtsschreibers 162.

FSC
www.fsc.org
MIX
Papier | Fördert
gute Waldnutzung
FSC® C083411

Kolibri 360 GmbH
Ferdinand-Jühlke-Straße 7
99095 Erfurt, Deutschland
produktsicherheit@kolibri360.de